最黑暗處仍有光

透徹痛苦根源，還原與生俱有的愛

劉素珍——著　李宗燁——文字整理

鏡影——覺醒的路

走在覺醒的路上猶如隨身攜帶一面無形的鏡子，這面鏡子日以繼夜地顯現出我們的煩惱、障礙、痛苦。在它顯現的過程，有的人被鏡中的煩惱痛苦帶走了；有的人放棄了；有人無法超越就停滯不前；有人逃避走了；也有人受業力的牽引，身不由己。

只有真正想要覺醒的人，能夠從這些鏡子所顯現出來的痛苦加以覺察並且結束它們；只有真正要覺醒的人，才能夠看見鏡中實無一物。

劉素珍

推薦序

在生命覺醒的長河裡，愛世界如是的一切

道石教育創辦人、亞洲系統排列大會主席　周鼎文

收到推薦邀請，從這本書裡看到作者從年輕的疾病經歷，進而不斷學習成長，並將自己的突破領悟分享給更多的人，令人感到欣慰與共鳴，並看到許多夥伴對於身心靈健康與意識提升一起投入努力，感到特別開心。在生命覺醒的長河裡，我們受益於過去的前輩們的智慧開啟，自然地也想將自己的實踐領悟分享下去，這本書就是這樣的一份愛與智慧的傳遞。

過去的靜心靈修較多強調個人層面的覺照，海寧格的「系統排列」開啟了我們對於「家族的影響力量」以及「集體的系統知識」一扇新的大門。本

書用「家族能量」一詞來描述家族的影響力量，談起我們父母輩的信念如何影響我們、甚至下一代，覺察到這份影響之後，作者建議要學習靜心與釋放，避免隨情緒產生的業力起舞，透澈地觀看所有發生，帶著覺知來愛世界如是的一切。這是一份非常好的方向與引導。

翻閱本書時，令我回想起數年前我曾受邀帶領一個專為佛教師父所舉辦的工作坊，其中有好幾位高階長老，他們在課堂上表示「系統排列」這份集體系統的知識，彷彿令他們過去修行所學的得以貫穿與梳理，並且對佛法的因果關係提供了一個更方便的視覺呈現與令人信服的體驗方式。其中一位資深的師父為了學習這門專業，還跑到我的辦公室，把他恭誦一萬次的大悲水要贈予我。可見個人靜心修行，以及對愛與集體系統關係的學習是一個非常圓滿的結合。

這是一個萬物互聯的時代，系統的影響力量無所不在，尤其我們在愛、關係、心靈與系統動力方面更需要學習成長，本書以靜心為解方來面對家族的影響力量，是一個非常好的開啟；但如果你對家族影響力的覺察不夠深刻，那麼建議你可以運用系統排列來探索其深層的系統動力，並結合靜心的鍛鍊，如此一來你的人生將能夠更上一層樓，有朝一日為生命覺醒的長河貢獻一點心力。

推薦序

跨越黑暗的微光——靜心找回愛的能量

新北市立丹鳳高中圖書館主任、作家　宋怡慧

素珍老師的新書，不只能讓你修復身心傷害，走出失去所愛的痛苦與悲傷，更能讓你有力氣用心去攀越關卡，讓你有能量去跋涉困境，老師的文字讓你恍然明白：走過人生的曲折仄道，跨過生命的驚險坑洞，你在黑夜來臨時，於老師書寫的溫柔裡，有幸窺見月昇之光。心迷路了，我失去所有的感知：看不見遠處青山嫵媚的雲影變化；聽不到常飛來窗臺啁啾的雀鳥聲；忘卻冬風吹落的枯葉要拾起拓印；嗅不了因時序遞嬗而變化的氣味；嘗不出每杯咖啡存留在齒頰之香。心遺失了，忘記人生一切本如夢幻泡影，我與

你的距離從來不是見與不見，而是愛與不愛。

素珍老師的溫柔絮語，讓我發現：自劃的界線帶來人我的隔閡，心處於無限期隔離，如何能重新讓心解封？許久，驚惶的心讓我無法書寫。只能在文字的柔波中，尋求一份被諒解、被包容的溫暖，原來，素珍老師的文字之光，讓我尋回愛的往復。花開花謝、雲卷雲舒，隨著靜心的調息，憂鬱悠悠而逝。原來，生命之歌時而歡唱，時而悲吟，猶如《茶金》說的：「東方美人茶是被蟲咬過的茶……茶和人一樣，傷口讓人脆弱，也使人堅強，正是傷口讓你變得跟別人不同。」在微塵俗世裡，作家的文字猶如歇息的渡口，讓我心安了，「困」看來是自己人生最好的功課，一如蔣勳老師說的：「困在卦辭是：亨，貞，大人吉，無咎。」素珍老師讓我知道黑暗之處也會遇見生命的祝福微光。原來，處於困境而不失其所亨，那麼在黑暗中就不會迷失本心，那是找到生活通達的解方，最終尋回「吉」與「無咎」。

謝謝老師的文字引領，讓我頓悟了：善意用在順境時游刃有餘；善意用在逆境時捉襟見肘。因而，困境與黑暗是讓我們修煉再修煉的境遇，若能擁有心靈的順境，就能常處於安適平和之境。即便外界仍有風有雨，喧囂嘈雜，心最後會回到善意的歸處。老師常說：在移動中寧靜，在煩惱中生慈悲，回到我們的心，找到安靜與幸福的養心禪，更是自己面對困難的日常實踐。原來，一呼一吸、一吐一納、因為心靜，因而自由；一花一世界，一葉一菩提，觀照自己，關注內心，因而自在。

推薦序

直面恐懼，讓愛流動

臺灣大學哲學博士　王美瑤

我的前半輩子，一直在找尋生命的出路。總感覺像是被困在這個世界，物質世界與社會結構宛如銅牆鐵壁。我無意於循規蹈矩地跟隨社會既定的步伐，完成讀書——工作——結婚——生子——老去——死亡的生命軌道。對於如此的生命型態感到巨大的沮喪與窒息，迫切想找尋有別於此的、更高超的生命意義與出路。終於，一步一步走到哲學的殿堂，甚至是佛教哲學的領域，一個可以提供無限廣闊的世界以及究竟的生命道路的領域。研讀佛典當中的智慧，給了我極大的寬慰和滿足，讓我知道生命並非只能編狹地生老病死。然而，受限於學術的運作，佛教哲學的研究終是只能停留在比較表層的文字與思維。經過約七八年學術生涯之後，以知識的方式吸收佛經的智慧，已經臨屆飽和，我再次感覺到困頓。我發現佛法當中許多讓我嚮往的境界，卻如同空中樓閣，我找不到上樓的梯子，只能站在地面向上乾望。

想要進一步實踐的迫切感，讓我開始到學術殿堂以外的地方聽課學習。千迴百轉，素珍老師與宗燁老師的教學，讓我終於找到梯子。我一直都被很深的焦慮和恐懼綁架，而這深層的焦慮和恐懼，在生命中以各種面貌呈現。大如遇事躊躇不前、害怕承擔、夜寐難安；小至上臺報告發表，都會讓我倍於常人地焦慮恐慌，而如此的情緒綑綁，也大大限制了人生的發展。個性上完美主義的自己，又以極高標準把自己逼迫得無處可逃。我想盡辦法、用盡力氣去解決這些問題，但是這些焦慮和恐懼，仍然如影隨形揮之不去。到後來，我漸漸感覺到筋疲力竭，而這筋疲力盡的感覺讓我加倍驚恐，害怕自己終將被淹沒。經過素珍老師與宗燁老師的教導，我才明白，這些努力都只是逃避，唯有正面直視、了解焦慮和恐懼的根源，理解它、流動它，才能融化它。在老師們的陪伴下，我終於有勇氣直面心底的焦慮和恐懼，過程當中的能量流動、伴隨而來的體悟和洞察，是頭腦作夢都想不到的體驗。

我終於第一次確確實實地明白，所謂的禪修、觀心或者靜心到底應該怎麼做；也讓我終於清楚，如此的靜觀，如何能夠融化內心的各種痛苦與障礙。甚至讓我認識到，我為了解決這些痛苦所做的各種反應，只是從痛苦中生出更多痛苦。遠塵離垢……捨世貪憂……無有恐怖……，佛經裡面的教學，從文字概念變成立體，鮮明地躍然於前。過去只能用頭腦思考推敲的理解，化為如實的探索與體會。過去的學習，非常仰賴頭腦意識層次，透過學習靜心，打開了我以前從來沒有注意過的、更廣大的領域。原來頭腦意識的層次是如此地狹隘，而痛苦的根扎得如此之深，用頭腦想是找不到答案的。於是終於了解，人們何以會困在某些痛苦重複再三，卻左衝右突，想破頭都找不到方法解決，益發挫折絕望。原來當頭腦意識安靜下來之後，有更廣大的世界等待探索挖掘，靜下來覺察更深的部分，才有出路可言。

素珍老師所教導的方法，帶我們直面痛苦和障礙，不逃開。只是如此地注視與面對自身以及障礙，什麼都不做，也認識到面對痛苦什麼都做不了，只能安靜地傾聽和了解，從根本讓障礙自然流動與融化。如此地溫和，卻蘊含無比巨大的力量，難以言喻。靜心覺察，是一趟重新認識自己的旅程，一層一層把自己剝開，直到剝到連所謂的自己都不復存在。坦然面對自身的諸多障礙，竟讓人感到如此地踏實，從而真正安頓了心。我想，這就是過去以努力的方式在逃避與確實面對自身痛苦的最大不同。

為了寫這篇推薦序，我翻出了以前的日記和筆記來找尋一些下筆的靈感。沒想到翻出來看的時候，有一種幾乎不認得自己的感覺。過去那個爆裂、壓抑、倔強、彆扭又沉重的自己，已在能量逐漸清理與流動的過程，成為了目前安適而輕鬆的狀態。雖然清理始終是一個進行式而非完成式，但前後的對比，從過去處在痛苦滿溢的狀態，到目前已經有些空間可以檢視內心的痛苦，不至於完全被淹沒滅頂，已然感覺恍如隔世。

清理是個進行式，障礙痛苦也許很多、很深、很難跨越，但是再難也不比求出無門、走投無路的絕望更難。很慶幸自己能接觸到如此的法門，有機會學習切身面對自己的方法，還能夠有親身走過的老師指導當中的智慧，著實難能可貴，感謝這一切的因緣際會。但願更多有緣人也能從中獲益，一起從痛苦的泥淖中拔出，走向越來越輕盈的道路。

目錄

第二章 能量場反映心態

第三章 你的想法就是你的世界

第四章　回到自心

作者序
從逐天邊星，到如實過活

在我的生命當中，家族能量、釋放還有氣學，這三者對我有著很大的影響。我從很年輕的時候就對佛學及靈性的部分非常有興趣，在這個地方走了很多——也不算冤枉路，但是始終沒有辦法讓我覺得自由輕鬆。

二十五歲就接觸佛法，一心想要有成就，期許自己的修為、修持比別人高，然後讓自己自由。聽聞了世間最為究竟的法，就非常嚮往並熱切追尋，這過程我有過。

可是很快地，我感受到一種說不出來的奇怪，不是這個法的問題，我覺得是我自己的問題。但到底有什麼問題？當時我不知道，可是就是不快樂。

一開始學佛，一直忽略身體的不適，認為它只是臭皮囊，不理它，到最後它也不理我，它不動了。我在受戒的時候，我忍著痛把七天的戒受完，回來以後腰就不能動了，整個人快廢了。

在這受戒的七天非常地痛，非常地辛苦，但我還是忍著痛打坐。到後來我發覺，這樣的行為其實很顛倒。我忽略當下真實的痛苦，而去追求一個不存在的目標，這一個起步，我就顛倒了。還有我跟身邊的家人那麼遙遠，沒有一種愛跟連結的感覺，我卻去追求遠在天邊的星星。

當下的現前，可以讓我輕鬆或不輕鬆的狀況，我反而去忽略，當時我覺得我有好大的顛倒。這個顛倒不是一下子就可以體會的。經過醫生診斷為重大疾病，面臨死亡的那七天之後，我去反省我整個生命，我的每一個痛苦是怎麼產生的。這些過程都是自自然然地出現，我的痛苦事件出現，然後我只是很直接地去感受這事件本身的狀態。

那時候我看到自己也是跟著整個社會的觀念人云亦云。當時，還沒有很大的領悟，只是覺得我顛倒了，可能要重新整理我的生命。

直到開始學氣去練我的身體。身體也是一個法，雖然它非常短暫，但是它就是這一生、這一年、這個月、今天、現在、當下的不舒服，這個不舒服是那麼地如實，那麼樣地真，我怎麼能夠抹滅它或是逃避它呢？我就是腰痠痛而走不遠，甚至不能動，這是一個事實。

在這個過程當中，我看到了我這樣的行為，實際上是在逃避當下的痛苦。如果我繼續在這個地方，用這樣的方式，朝這樣的方向，走這樣的路的話，我的生命永遠碰觸不到真相。

這個真相的意思就是說，我覺得我在追求的目標永遠不會達到，我當下的痛苦依然都在，而且一直在延伸出更多的問題，這樣只會讓我活在一個更不真實的狀態裡面。看到這一點，我不知如何是好，但我只是停在這個狀態，我不再繼續往原來的路走。

慢慢地，我的看見越來越清晰，我越來越明白，原來我們真正的痛苦，不在於想達到什麼目標然後達不到的那個痛苦，而是「請看看我們每天怎麼活著，我們的痛苦就在這裡」。

我們生命的智慧學習就在這個地方，假設我離開自己每一天的生活，所有的互動、關係，反而去追求一個更遠大的目標，就像我二十幾歲的時候那樣，那麼我終將永遠遇不到也碰觸不到我自己。所以真正能夠讓我自由、真正能夠讓我輕鬆的是看見事實。

事實到底是什麼？是我們不願意去看，我每天怎麼樣地在逃避自己；我每天怎麼樣地在跟家人索討；我每天怎麼樣地在逃避這些我不喜歡的，其實是這樣的狀態讓我們活得不開心、不自由。然後漸漸地跟家人沒有愛的連結，接著感到孤單空虛。

這種感覺一旦出現的時候，我們就想追求更遠大的理想或是抱負，離自己、自身的痛苦還有家人越來越遠。當這些最真實的事實就在我面前，我都不能看見的時候，我再去追求天上的星星，那只不過是一種觀念。

當我感受到這一點的時候，我開始能夠慢慢地落實下來；當我能夠落實下來的時候，我看出去的東西才會是真實的，而不是「我不想看到什麼、我想看到什麼」。

這個時候，我觀察到所有人的痛苦，幾乎都是來自日常生活當中，從我們的家庭，尤其是我們的父母，就是我們關係的一個基礎。我又觀察到，好幾代前的這些問題還有習性，在每個人身上都會重複地發生。如果這個模式沒有停止或是被發現，我們就會像我一開始那樣一直重複下去。

我們為何會受苦？為何這個受苦的輪迴不能夠停止？很大部分的責任在於我們每一個人身上，不是在別人。當每一個人可以看見自己這些逃避的輪迴模式的時候，受苦才有機會停下來。

所以今天為什麼我會在家族能量這個地方學習，我覺得它雖然看似平凡，可是卻每天在發生，對我們影響極大，甚至影響到我們命運，而且影響是遍及家裡每一個人、我們的下一代，還有我們的配偶，都在這裡面受到影響，衍生出各式各樣身心的狀態，甚至是一些精神疾病、無法治癒的疾病，很多都跟這個家族能量有關。如果我們能夠在這個生命的關鍵學習，就能讓我們自己自由，還有我們的孩子、我們所愛的人也能夠自由，這是學習家族能量最重要的意義。

我們的學習不是用頭腦去記要做什麼，該做什麼；而是讓我們的能量，我們的心，自然而然如實地去感受現在，體會每一個時刻。不管你學習任何法門，這個心的學習都非常重要。

這是我多年來不斷觀察看到的一些現象。我把我所知道的，還有我觀察到的，毫無藏私地一直跟大家分享，因為我看到的這些東西不是我的。就是這樣的一個心，我們才能夠一直學習。

書中特殊用語說明

障礙

受傷時，我們會生出很多的信念跟以為，例如我沒有用、我不夠好，然後以為只要討好別人，讓別人喜歡我，這樣我就是有用的人了，終其一生都在這些信念跟以為中打轉。老師把這些傷害跟相關的反應稱為**障礙**。障礙就是身心過不去的點，所以只要碰觸到就會生起很大的煩惱，並在這裡卡住；也因為過不去，於是在不同的時空都會重複相同的受苦劇情。

在關係中，很容易碰觸到彼此的傷害並且從傷害做反應，障礙會阻礙關係中愛的流動，同時它也阻擋了我們原本的覺性。

同在／陷進去思想

同在不是很容易解釋，因為我們一般較少有此體驗，或會忽略它。也許看到夕陽很美的那一剎那，念頭暫時停下來了，就是同在。以走路靜心為例，藉由動作中注意腳的移動，很自然地一定會開始想其他的事情，這些念頭就是反映與延續平常的煩惱；這時候意識到被念頭帶走了，就回到動作上，慢慢地心就容易安定下來。漸漸地，當念頭飄走時，很快地就知道要回來，這樣可以說，自己跟念頭之間開始有距離，這是觀察念頭的基礎。

反之，跟隨著念頭去想過去或未來的事而無視於當下的動作，這叫作**陷進去思想**裡。當我們可以純粹地注意動作而不陷入過去與未來的想法，可以說就是一種同在的狀態。

簡單地說，同在就是純粹的感官注意，暫停念念相續的運作。

業力

業力分成兩個部分，一個就是我們做過的事情，另一個部分就是心念。這兩個部分主宰整個靈魂、生命。

做過與發生的事的記憶儲存在深層意識，無論我們是否知道。這些記憶是不會消失的，導致遇到某些事件的時候，我們沒有辦法克制反應，很自然地出現慣性憤怒或者是痛苦的反應，然後事情自然會往某個方向發生。

回傷

又稱為好轉反應，堵塞的能量開始鬆動之後出現的身心反應，例如：壓抑的情緒浮現、疲累、痠痛或起疹子等等。

前言
深入痛苦，連結屬於自己的力量

李宗燁

《當下的釋放》出版至今已近四年，書中提供的釋放法是由素珍老師發展出來的一種自我療癒方式，世界各地已經有無數的朋友因為釋放而改善身心困擾，修復關係。這本書進一步從能量的角度，對釋放做更整體與深入的說明，希望對想要認識自己、了解生命奧祕的朋友指出一條道路。

在一開始，釋放很容易被誤解為只是消除負面情緒的工具。如果煩惱起來了，我們去清除煩惱，可是另一方面，我們又同時在製造新的煩惱，那麼同樣的困擾就會需要反覆釋放。釋放真正的精神是靜心覺知，我們不但鬆開煩惱的果，同時看到煩惱的因，並且不再製造。

人生當中不斷地遇到問題跟解決問題，只是我們很少注意到自己解決問題的做法，到底是化解問題還是製造更多的問題。例如小孩英文考試成績不好，我覺得很生氣。透過釋放，看到了我對小孩的生氣，來自他沒有達到我的期望，由於我曾經因為英文很差而失去嚮往的工作機會，所以我要求小孩學好英文，來填補我的缺憾。

釋放能深入到什麼程度，也跟我們對自己的了解有關。以這個例子來說，問題在於我沒有辦法面對缺憾，所以轉而要求小孩為我的期望負責。如果把力氣花在如何讓小孩學好英文，結果將會如何？釋放不單單是鬆開生氣，也因為面對跟了解我的缺憾，而放下這個期望，兩個人就不會因為這個期望製造新的痛苦。我輕鬆了，小孩也可以選擇自己的路。

我們的問題或目標很多都是從障礙所投射出來，所以儘管再怎麼努力解決頂多就是好一下下，終究還是挫折，在過程中甚至又製造更多的問題。學習釋放讓我們穿透表面問題，看到真正的問題點。

這本書就是帶領我們認識問題的本質，如何不被表象問題迷惑，進而透澈問題、看清真相，究竟地結束問題。在這樣的認識之下，釋放將會是個自我發現的神奇之旅。只要願意，一切的遭遇都可以是一面鏡子。藉由這些發生，我可以看到我的解讀、反應模式或信念。

假設別人說話的方式讓我很生氣，通常我們只有兩種選擇，直接反擊回去或是忍下來，但是無論哪個選擇，都會留下後遺症。也許我們無法在當下立刻回應，但是可以在事後釋放這個憤怒。

釋放讓我們不需要發洩情緒也不用隱忍，而是從苦惱中深入自己，連結自身的力量。它很簡單卻又很深奧，可以釋放得多深入，取決於釋放者當下的心境狀態，越安定專注，就可以越深入。

例如，當我釋放憤怒的能量之後，我靜下來，被動地注意跟等待浮現的念頭、情緒或畫面等等。也許浮現的是小時候爸爸用命令、強勢的方式對我說話，當時有很多害怕跟不服氣。所以我真正生氣的不是眼前這個人，而是父親。當我繼續釋放這些未了結的情緒，過去被命令的傷害一層一層流動之後，一方面我輕鬆了，同時對現在這個人也不會那麼生氣了，我就可以有空間跟輕鬆地選擇如何回應他的講話方式。

本書是整理老師多年教導的錄音逐字稿，節錄精華重點彙整而成。為了讓讀者更順暢地進入本書的內容，先簡要介紹一下釋放。

釋放的學習面向與助益

1. 疏通與深入了解情緒。
2. 不需要借助轉念來壓抑或說服負面情緒，造成更多身心衝突；釋放帶來身心的放鬆和諧。
3. 釋放就是面對自己的痛苦，不論多麼不堪或醜陋，都沒有批判地如是同在，這份態度就是愛。

4. 因為了解情緒，跟自己連結，而能夠更坦誠表達自己。
5. 因為釋放與同在，能夠看見指責、批判、情緒勒索等背後真實的感受，而停止傷害性的表達。
6. 因為深刻了解自己的受苦，自然地能夠同理他人。
7. 清理讓我們不再從受傷的眼光曲解對方，消解情緒地雷的過激反應或固著的期望。
8. 即使是對方讓我們覺得受到傷害，也可以回到自己，停止跟對方的情緒共舞，不再陷入一來一往的惡性循環。隨著自己的障礙鬆開，也會有空間理解對方所受的苦，真正的包容與轉化就會出來。
9. 疏導阻塞的能量，可以緩解因為情緒引發的病痛。
10. 不明原因的情緒或心理困擾，也能夠經由釋放了解源頭、從根本鬆開。因為它超越頭腦，所以只需釋放表面症狀，靜心同在，等待深層意識的展現。例如難以拒絕別人、怕別人生氣、怕衝突、怕黑、怕被遺棄或怕上臺等等，都可以藉由釋放得到改善。

11. 行為模式或生命劇本常來自過去的傷害與思考慣性，也因此又複製類似的困境。釋放能夠清理傷痛，鬆開受苦的劇本，等於是改變命運的種子。

12. 深入的釋放重點已經不是解決表面的情緒困擾，更重要的是它停止製造痛苦的因。

13. 經過簡單的學習，每個人都可以自己練習釋放，自我療癒，無須依賴他人。

釋放的原理

很多時候，真正讓我們受苦的不是外在事件，而是我們的解讀與反應，它們就只是記憶，也就是能量。以釋放句的能量帶動卡住的能量，加上專注於當下，念頭暫停時，心理的衝突也暫時停止了，能量就會開始流動。

釋放的歷程

1. 首先意識到煩惱或障礙出現了。
2. 了解到如果我放任過去的模式只會讓自己或雙方更受傷，所以我先停止過去的模式，這就是「止」。
3. 明白如果我繼續逃避或是想要去除這些負面情緒，只會讓我更衝突，並且延續這些受苦；所以我願意面對這些負面情緒，去承認並了解它，這是對釋放的態度。
4. 當我初步地跟這個不舒服接觸時，可能會有某些情緒字眼浮上來，可以把它們組合成適當的釋放句說出來。例如：「釋放憤怒的能量。」即使一開始不夠到位也沒關係，接下來的同在過程可能會浮現更貼切的形容詞描述當前的障礙。

5. 講完釋放句之後，放鬆地注意浮現的念頭、畫面、情緒或身體反應。

6. 從新的反應當中，找出新的釋放句。如此一層一層地釋放，自然就會有新的了解與洞見。

釋放練習的提示

1. 為自己安排一個不受打擾的空間，以及三十分鐘左右的時間。

2. 針對身體、心理的不適或障礙，組成釋放句，說出來。例如針對頭痛，可以說：「釋放頭痛的能量。」對於生氣，可以說：「釋放生氣的能量。」一直想吃零食，覺得該停，又停不下來，可以說：「釋放吃零食的能量。」每說出一句釋放的句子之後停頓、放鬆並注意身心的反應，保持被動的注意，允許情緒的流動或哭泣，允許自己哭出聲音。

3. 對任何釋放句如有特別強烈的反應，都可以多停留在這些反應上，留意出現的念頭或畫面，出現什麼情緒就釋放什麼，一層一層深入與鬆開。

4. 釋放過程中，很容易分心想到別的事情或是陷入回想故事情節，這是很自然的，注意到了再繼續進行就好。

5. 習慣壓抑憤怒的人，開始釋放很可能想要大叫，這時叫出來或是跺腳、搥枕頭會有幫助。平常很容易說出不滿的人，釋放憤怒時，不妨安靜地感受這股怒氣，允許怒氣背後的痛苦展現。

6. 過程中可能會打嗝、打哈欠甚至反胃或發抖、腦袋空白，這些都是原本凍結的能量開始流動的現象，基本上也是安全的，請允許它。

7. 基本上，隨時都可以暫停，下次再從頭或中斷之處再開始。只是當障礙出來時的不舒服，例如乾嘔或發抖，都是創傷要鬆開的反應，能夠持續跟它同在與釋放是很好的跨越機會。

8. 釋放到什麼結果算是完成？例如頭痛，釋放幾句舒緩了，可以暫停，也可以繼續深入。發現跟壓抑的憤怒有關，再深入，可能發現憤怒來自認為對方應該要感謝我卻沒有。所以釋放沒有必然的句點，隨著我們的安定，可以持續深入跟發現。

9. 有部分朋友可能唸完釋放句卻似乎沒有什麼反應，可能平時偏向情緒抽離，心思專注於分析問題、解決現實問題，所以情緒能量不容易流動，可以注意自己對情緒有哪些信念，同時可以學習情緒的辨識，從跟身心連結開始。

10. 準備紙筆記錄過程中的發現，但也要記得：注意的品質，永遠比發現的內容更重要。

第一章　起點決定終點

最黑暗的地方仍有光

二十多歲的時候，我跟多數年輕人一樣，愛漂亮、愛打扮，非常注重外表，拚命追求物質帶來的安全感。突然間，爸爸過世了，當下我才第一次意識到「死亡」這回事，不停地想：「爸爸辛苦一輩子，他那麼努力，卻這麼輕易就走了！」整個人一蹶不振，茫然失措地過了好久。那是我人生最黑暗低潮的時刻。如今回過頭來看，也是我人生中很重要的轉折點。

幸好，最黑暗的地方仍有光。就在我似乎永遠走不出來、最徬徨無助時，遇到了一位師父，他對我說：「每個人都要走這條路。」聽了這句話以後，我的眼睛突然間就亮起來，立刻在我心裡引發巨大的震盪。

這句話在我心裡盤旋了好幾個月。每天都在思考這些問題：既然每一個人都要走，那我現在做的這些事情，意義何在？我幹嘛要有錢、要漂亮？這些都會走，為什麼我那麼徬徨無助？

我看到我的生命沒有意義，我所追求的那些物質、外在、安全感，被這句話一打，好像完全沒有立足之地，一點價值跟意義都沒有了。既然以前所追求嚮往的都沒有任何意義，那我要怎麼過接下來這幾十年？我必須重新開始看待我的人生。

最初，不知道該怎麼辦，我就是抄經、拜佛、唸佛，慢慢地把心安定下來。後續家裡接二連三遭逢一連串變故時，我才有力量去面對。日復一日，漸漸地覺得有力氣重新站起來。過了幾年，我的生活完全不同，我覺得心也不一樣了。

每當我一想到這位師父，心中就充滿無限感激，如果不是經他提點，或許我至今還在原地打轉。其實，師父經常用這句話來提醒每個徒弟及信眾，但是多年後我去探望他時，看出某些人幾乎沒有任何改變，依舊煩惱纏身。為什麼同樣一句話，對我如此受用，對他們卻沒有效果？

那一刻我有個體會：不管周圍遇到什麼樣的人，都是來教我們的。不管遇到什麼樣的困難，再大的問題，其實都是來教我們的。如果願意學習的時候，每一個出現在面前的，都是來教我們的。就像這句話我聽進去了，對我就產生很大的改變；相反地，如果「只聽在耳裡，沒聽進心裡」，痛苦一定會再來。

因為我們的心一直往外看，遇到問題時，指責別人不應該這樣對我們，抱怨人生不公平——就是因為老是抓著這一點不放，老是這樣想。沒有注意、了解起心動念，無法改變想法與行為模式，痛苦當然會一再重複。

我們有沒有思考過：為什麼老是同樣的問題一直在發生？為什麼這些問題會來到我面前？為什麼我會重複經歷這些痛苦？這個問題可能就是要讓我去鬆動，這個就是我們的業。業源於我們自私，只想自己。當我們的心量變大的時候，我們的業才能夠瓦解。

家族能量的影響

大約二十多年前，有一天，我走過一排騎樓，突然察覺到各家各戶都散發出不同的感覺，有的是一股憤怒，有的是一股莫名的低落、沉悶，有的則是一種非常非常焦慮的感受。因為對這個現象感到好奇，我開始仔細觀察身邊的親人朋友及他們的家族。

例如，某個家族裡面有一種焦慮的感受時，它所呈現的就是一種「我要很努力，我要成功，我要做很多」的現象，所以這個家族的成員都是戰戰兢兢，過得很辛苦。所以誕生於某個家族那一刻，在這些能量底下，就好像進入到漆黑的電影院，籠罩在這個電影院的氛圍，身不由己地上演焦慮、憤怒、衝突或悲傷的劇碼。不自覺地循著這股能量，度過生命的每一天，經營每一段關係。

有一部電影叫作《可可夜總會》（*Coco*），主角小男孩生在一個有著嚴厲祖訓的家庭，規定家族成員絕對不能碰音樂，但他擁有與生俱來的音樂魂，經常躲在閣樓偷偷練習吉他，即使某天被家人發現並在盛怒之下砸壞他的吉他，他還是想方設法要參加比賽表演。隨著劇情推進，釐清了家族對音樂的怨念，源自於他的高曾祖父為了追求音樂夢而拋棄妻女。在這部電影中，可以看見家族能量的影響。

如果可以學習清理，看到「讓我們陷入這個受苦模式」的根源的話，你會發現你的痛苦、你的怨恨、你的憤怒，可能不是你的，而是家族裡面某一位成員的。你回頭一看，過去的這一生當中，你的所作所為，就像住在一個別人的房子裡面，然後做這個房子要你做的事情。

當這個能量鬆動，清理開來的時候，你會發現，本來困擾的事情，好像不是你真正在乎的。在清理的過程當中，你突然間清醒，原來這個憤怒不見，自己的感覺、感受回來的時候，這種活著的感覺是多麼地美好。

那個時候，你不會想要努力得到什麼，想要開悟，想要多少錢；因為那一種狀態，已經比你想要追求的那個夢想還要快樂、自由、舒適。心裡有領悟，然後非常自在，自然不會有痛苦。

靜心的重要

我們很多行為、觀念是來自於我們的上一輩，長輩叫我們要努力讀書、認真、成功，然後我們不知不覺也複製到下一代。不過，有時候可能會反其道而行，我被上一代逼得很嚴重，我就處處順著小孩，這是出自於被逼迫而形成的另一面。所以我們一直走不出這些制約。

若是沒有靜心的學習，我們始終會在這個框框裡面。如果移動了家族能量的障礙，可是沒有學習靜心及理解心念的部分，我們的習性、觀念沒有改變，還會再製造相同的問題。因為我們對關係中的那個「認為」沒有改變，還是用原來的方式在互動，還是會掉回原來的模式。

因為觀察到這個情況，我一再強調我們一定要學習靜心，真正地跳脫這些痛苦。停止這個痛苦，是究竟的停止，而不是對抗痛苦、陷在頭腦層次的花樣。

學習靜心需要具備很大的能量，不是每一個人都願意。很少有人願意，因為逃避要舒服多了。逃避的方式很多，人們經常習於逃避卻渾然不覺，以為自己一直在解決問題，但繞來繞去就是逃不出這個牢籠。因為這個制約從我們的上一代，再上一代，甚至全人類，一路下來，影響非常巨大深遠，若是內在欠缺安定、平穩、清楚的認識，任誰都難逃它的掌控。

靜心可以讓我們徹底了解這些觀念的制約，因為了解而停止受苦。只有靜心才能夠為內在帶來真正的穩定，如果內心沒有這種穩定出現的話，我們無法跳脫整個人類龐大的共業，只要任何一個念頭，任何一個互動，立刻就掉進去。

要直接學習靜心不容易，所以一開始可以透過氣功、家族能量、釋放入門，而最根本的就是靜心的學習，能夠清理到我們意識深層，而且因緣具足的話，可以一路走到底，究竟解脫。

排斥痛苦等於排斥喜悅

三十歲那年，我曾覺得俗世生活太煎熬，想放棄一切出家修行。在寺裡住了十個月後，師父問我：「什麼時候給你剃頭？」被這麼一問，不知為何我很猶豫。我去注意我的猶豫，才驚覺自己根本不想出家。「可是，為什麼要來這個地方？為什麼要修行？」這問題自己就冒出來。

原來我之所以來到這裡，只是為了逃避我的痛苦。我的生活太痛苦了，這麼多不如意、不順心的事情，我以為修到一個程度，這些問題自然會消失。發覺自己是抱著這個態度想要出家的時候，我非常震撼。

所以當我們無法面對問題時，我們會轉移方向，去做些什麼事情，讓自己更優秀，誤以為只要成功，這些痛苦就會自動消失。事實上剛好相反，關係裡面的痛苦，不論怎麼樣逃，心裡始終執著、牽掛著。不是走到哪裡去，換個袈裟，那個問題就不見了。不是達到任何一個狀態，煩惱就消失。

如果無法真正面對問題，這個執念始終存在，就會原地打轉。不會因為今天悟道了，就不用吃飯了，就不需要人際關係了。這些生活的問題，是很自然的存在。如果逃避這些，等於否定真實的生活。忽略生活的煩惱與問題，然後再去投射另外一個美好的狀態，這是逃避的心態。事實上生活裡的問題，它才是真正修行的一部分，如果否定它，再怎麼修都不會悟道。

所以面臨問題，我們只有兩條路：面對，或者逃避。當我們用逃避的態度對待痛苦時，比如說努力，不管成不成功，原本的痛苦或悲傷始終存在，只是被我們壓抑埋藏。也許逃避久了，遲鈍無感了，可是這些被忽略的能量，會轉變成任何形式，一直掌控著我們的生命。

痛苦和喜悅實為一體兩面，跨越障礙，便能體會自在的喜悅與美好。所

面對問題的二種方向

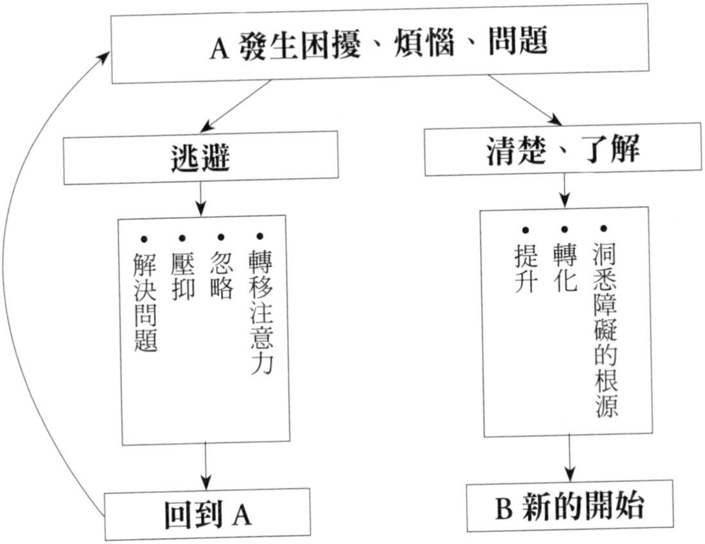

上圖說明我們面對問題的兩條路，在沒有清楚了解問題之前，我們所謂的解決問題其實也是逃避的一種，而在這個逃避的過程又會再次挫折、受傷，所以逃避會產生更多問題。

謂「美好」不是要獲得什麼或到達何處，而是在這一刻，你能夠覺察你的痛苦，這個美好同時出現。如果逃避痛苦，等於把喜悅快樂也丟掉，讓我們活得乏味枯燥，覺得人生沒有意義，悲傷跟空虛越來越沉重。所以很多看來很成功的人，午夜夢迴時，往往會感到失落，黯然神傷。

因為我們不知道如何面對這個悲傷，只能把它壓下去。也許是因為家族能量、也許是我們個人的障礙造成這種悲傷。不管根源如何，在家族能量與靜心的學習中，都可以碰觸到這個部分。當我們開始面對，這樣的態度出現的時候，不需要做什麼，這個悲傷的能量就開始散開。

注視痛苦就是覺醒的力量

學習釋放，能將我們童年時期、成長過程，甚至是累世的障礙帶出來；學習靜心，則能幫助我們在障礙出來時有所覺察。事實上，日常生活的點點滴滴都能反映出我們的障礙，關鍵在於我們有沒有覺察。比如說，偶爾會把該做的事放在一邊，東摸摸西摸摸，此時我們能不能注意到，那是因為心裡有一種不舒服的感覺，所以才藉著東摸西摸，試圖去抗拒它？

抗拒來自於我們的頭腦，學習靜心的目的是徹底了解它，當我們有這樣的了解後，抗拒的念頭一出現，我們馬上可以覺知到。生活中的每個當下都至關重要。我們不可能一邊上網一邊去跨越障礙，也不可能一邊看電視一邊去面對問題，因為從事這些表層活動的時候，我們的心是亂的，唯有安靜下來，停止所有表層行為與思維，才得以儲備足夠的能量。

常有學員問我，如何增加正面能量。我說不用增加正面能量，只要你的負面能量停止的時候，你就是正能量。如果你的負面能量、痛苦很多，你要再加一些正能量，豈不是更衝突嗎？一顆能夠安靜的心，才是靈性學習最重要的關鍵。保持一顆安靜的心，一種安靜的態度，一個安靜的頭腦，我們才能夠看到、意識到。

當煩惱起來的時候，慢慢地把心安靜下來，注視你的痛苦，看著它，就會開始不一樣，慢慢在變化。其實在你的心開始願意去面對的時候，那個力量就會讓這個障礙流動，甚至可以結束。當痛苦到盡頭，停止的時候，就自然解脫、自由，就自然輕鬆。

當我們可以正視、注視著我們的痛苦的時候，這份能量就開始產生了不可思議的變化，沒有什麼力量比這個還要更強，因為這就是一個覺醒的力量。

學員分享

一個人的力量能有多大？有些時候是有限的，還有時候是不可限量的。

比如我的父親，他一個人可以讓四代人痛苦，家族裡五十多個人，都因為他傷心，害怕，痛苦，無論他做的事情過去了多久，留下的心理印痕卻一直沒有消失，反而越來越深。

也許他只是愛喝酒，也許他只是毒打了我媽媽，也許他只是砍傷了我。他為什麼把上天發的牌打爛，沒有人知道答案。也沒有人願意了解。所有人為了保護自己不被傷害，盡最大程度地遠離他。

從記事起，父親就是我們家庭的夢魘。在拳頭棍棒下，我長大了，帶着恐懼和深深的自我厭惡，逃離了家鄉。

有一天，女兒從幼兒園回家，問我：「媽媽的爸爸叫外公，誰是我的外公呀？」

那一刻，我像被雷電擊中一樣，無法動彈，好久說不出話來。

在旁邊做菜的媽媽告訴孩子：「你外公死了。」

孩子問：「死了是什麼意思？」

我媽媽說：「不要問了，告訴你死了就是死了，你沒有外公了。」

媽媽大喊一聲，繼續去做飯，留下哭泣的孩子和無法自處的我。

我清楚地知道，時間不能撫平一切，尤其是心靈的創傷。如果我不出發去療癒創傷，這樣的傷痛還會延續到下一代以及下下一代。

輾轉在各個家庭治療流派、個人創傷療癒的體驗學習，直到六年後遇見素珍老師，在「成為家族一道光」的兩期中，我才知曉原來父親給家人的傷害，是因為他受困於家族業力能量，無法回到他自己生命的正途。

當我證悟到這個層面，就放下了怨恨和恐懼，向「是他讓我擁有生命」的事實臣服。之後，我把自己的思考和理解告訴家族裡長輩同輩，兩個月後兩位伯父在內心原諒了父親，姑姑們開始嘗試靠近父親。而我可以坦誠地告訴兩個孩子，他們外公的名字，外公沒有出現在他們生活中，是因為外公在做他自己的事情，當他想要和我們團聚的時候，就會出現。

素珍老師於我和我的家族而言，不是普通的老師，是恩人。能夠接受到老師的帶領是三生幸運，她和助教老師們，能穿越幾世家族的能量來療癒每個人。

——X·Z

障礙鬆開，世界就改觀

表層能量的障礙沒有鬆開的時候，打個比方，就好像我們被籠罩在一個綠色的煙霧裡面，所以看出去的所有東西全部都是綠色的，那麼我們就認為這世界只有綠色。

當我們慢慢深入，表層比較鬆動的時候，我們會看到很多種顏色，那麼就不再執著於只是綠色。就好像之前認定家人應該怎樣對待你，按照你的意思你才會開心，可是當你這個能量鬆動的時候，你會覺得不用按照你的意思也可以。

我們現在會侷限於只是一個顏色的狀態，那是因為我們的外圍、表層的一些觀念、想法還停在這個地方。當我們清理、釋放的時候，這些障礙也會相對地慢慢鬆開，之後我們才有辦法一步一步地深入，進到內心比較深層的障礙。這些深層的障礙，我們很少能夠碰觸到，但是它一直在影響我們的生命。

講一個例子，血淋淋的例子，我的母親在我二十七歲的時候自殺，那一天五點下班，我打電話回家跟她說，有朋友來找我，所以我七點後再回家吃晚飯。結果我跟我的朋友去吃飯，吃完飯聊天，聊到快十點，我回到家十點半，我媽媽就已經走了。

當時我跟我哥哥說，如果早點回去，真的七點回去，這些事情就不會發生了；哥哥說，她要這麼做，你也沒有辦法預防，她也許今天不做，明天做。當時我聽了，心裡放下負擔。可是後來我發覺，這只是在頭腦層面放下，我的頭腦覺得我哥哥、家人沒有怪我，我就鬆了一口氣；可是過了幾年我才發現，我的內心還是在懲罰我自己，我不能夠原諒我自己。

可是這個懲罰並非是直接以自責來呈現。我知道我媽媽一直希望我哥哥跟弟弟他們感情融洽，可是他們兩個就是水火不容，於是我一直在撮合他們兩個，跟這個講講，跟那個講講，有時候電話講了一、二個小時，做這件事情很辛苦。後來我才發現，原來我感到很自責，所以用這種方式在贖罪，希望幫媽媽達到她的願望。

我當時還不會釋放，當我看到自己這部分的愧疚感，只是靜靜地跟這個痛苦在一起，那時候是以覺察的方式，讓這個障礙鬆開來。所以假設今天我沒有學習清理障礙的時候，我到現在可能還在撮合哥哥跟弟弟。

我看見了，並非說我就不撮合。當我看見了以後，我明白他們之間需要慢慢學習，那麼我心裡便放下這一件事情；放下的不是我對他們的愛，放下的是我對母親這件事情的執念跟愧疚。這是很徹底究竟的清理。

如果我們沒有了解、覺察、覺知去清理自己的障礙，我們便被這一些障礙帶著辛苦度日。當我們的障礙清理到某一個程度，那就是一種解脫。

發心的力量

坦白講那時候如果我的心沒有開，沒有回到安定，我就是死路一條，因為我們家的家族能量、死亡能量非常地強。我有個朋友，每一年我媽媽忌日前兩天，他就會找我見面，因為他怕我自殺，我周邊的人都擔心我自殺。

那時候我潛心修法，抄經、拜、跪，一天大概有十四個鐘頭都在精進。突然有一天，有一種穿透身體的感受，覺得今天我可以在這邊跪、拜、唸經、抄經，是何等的幸運！那麼大的痛苦、問題，我可以在這個地方慢慢地爬起來領悟，那個時候發出了一個奉獻的心，那個力量到現在我都為之震撼。

全世界這麼多人在受苦，有幾人能夠像我這樣接觸這些法門，然後心能夠打開？

所以當時我生出一個很大的感受，那個感受是不自主的：今天我這麼幸運，可以在這個學習當中走過，然而那些完全沒有學習的人們，他們怎麼辦？今天有個地方可以帶領我們學習，唸佛也好，唸經也好，至少我們的心有個安定歸屬。可是這個世界上很多人不會去那裡，這些人也在受苦，那麼這些人怎麼辦呢？

這就是我當初發的心，分享我在生命關鍵轉折點的種種領悟，願能鼓舞受苦的靈魂，踏上覺醒之路！

【靜心練習】跟身體在一起

肩膀輕輕靠在椅背上

好，留意肩膀的感覺

是放鬆的？還是緊繃的？

是提起來的？還是放下的？

好，慢慢吸一口氣

自然地吸，自然地吐

好，再次留意肩膀的感覺

接下來，留意骨盆是不是緊繃的？

把它放鬆下來

好，留意膝蓋的感覺

留意踝關節的感覺

靜坐引導音檔

跟自己的身體在一起
跟自己的身體在一起
好，眼睛微微張開來

第二章　能量場反映心態

能量比事件先行

為什麼要談能量呢？因為實際上是先有能量，痛苦煩惱才發生。假設我現在看到一隻蟑螂，想用拖鞋去踩，於是我抬起腳，在還沒踩下去之前，能量已經往下走了，然後我才踩下去。同樣地煩惱痛苦發生的時候，能量早已先一步出現了。也就是說，能量在引導我們，它已經先存在了，醞釀一個力道，促使事件發生。也許難以理解，但它的確是事實。

在我們的生活中，所有的一切關係互動，都是能量在帶動我們。心裡有愛的時候，看到每一個人都會感覺包容；若是心裡面住著仇恨跟憤怒，看待每一件事就都有問題。假使在遭遇苦難的時候，產生了很大的怨恨跟憤怒，這個怨恨憤怒的能量就主導著生活中一切重要抉擇。

根源在於我們的心。倘若任由能量主導我們的生命，我們便毫無自由可言。所以，當我們種下負面能量的那一刻，能不能從源頭去鬆動、去注意，而不是等待結果再去收拾殘局？

能量場真實不欺

每個人的能量都不一樣。有些人的能量讓人覺得舒服，有些人的能量讓人不愉快；有些人能量很強，有些人能量很弱。能量之所以有差異，最主要的原因是心念，再來則和我們正在做的事、曾經做過的事有關。

欣賞風景照時覺得舒服，因為那個地方散發讓人舒服的能量；某個人讓人感覺舒服，因為他散發舒服的氛圍。為什麼你跟這個人很有話聊、跟那個人無話可說，為什麼你會跟這個人交惡、跟那個人交心，為什麼第一次看到某人就喜歡、第一眼見到某人就討厭，這些都是因為心念。

散發的能量、氣場如同鏡子，真實反映出內心的狀態。每個人都有主要的能量場，比如某人的深層意識帶著憤怒，也許自己都不知道，但是會從能量場呈現出來。有些人表面上看起來很和善，其實內心有很多執著，而執念會拉低一個人的能量，導致他的能量場處於緊縮狀態，旁人感受到了自然不想和他親近。

很久以前，我感受到一個朋友的磁場，對他說：「你有一種憤怒的能量，來自你的內在。」他一聽，立刻勃然大怒地辯解：「你不知道，我爸多可惡，對我多壞……」他說自己才不是易怒的人，不會無故發脾氣，是他父親沒有盡到照顧之責，不疼愛他。他否認自己帶有憤怒，一切都是父親的錯，他不曾感受到父親的愛與溫暖。我不應該這樣說他，我說錯了，他生氣罵完之後掉頭就走，再也不理我了。

這個磁場是內在關係糾結產生的憤怒，他跟父親這樣，跟配偶一定也是這樣，從親子關係到婚姻關係，在同樣的模式裡面打轉。除非他學習家族能量、釋放與靜心，否則這個磁場的能量很難改變。

學員分享

我一直有「開口說、問」的障礙，小時候很多話，常被母親責罵，說小孩子有耳無口，漸漸地變成不太說話了，也形成「沒人想聽我說話」的想法，觀察到自己的表達背後有好幾個聲音，就是「要簡明扼要地趕快說」、「別囉嗦，說重點」、「言多必失」，因此心頭總是很悶，就像是很急著吃東西被噎住了，一種口裡被塞住東西、脖子被掐住的感覺。

當釋放「說不出口的能量」，聲淚俱下，很多的委屈、孤單、不被了解的痛苦紛紛湧現，是的，我說不出口，我也忘記怎麼自然地說話了，跟著這份痛苦在一起，讓這份痛苦流動，不再干預，慢慢地鬆開這長久的禁錮。非常感謝有這樣好的靜心釋放學習，讓痛苦有出路，讓身心逐漸恢復自由。

——S．F

磁場不是永遠固定的

身體、心理、情緒都會左右我們的磁場、氣場，家族能量的影響則占了百分之六十之多。從磁場裡面去觀察、認識到的，真實純粹，不會有誤差，不會騙人，不需要懷疑。

能量場分成好的、不好的。無法分辨磁場的好壞時，我們會接近對自己有負面影響的磁場；如果懂得辨別，自然就會避開。兩個磁場相遇的時候，會融合在一起，產生出一個新的磁場。我的好會分你一半，你的不好會分我一半，你泥中有我，我泥中有你。

有趣的是，兩個磁場結合在一起的時候，千變萬化，不是絕對的。因緣很奧妙，當其中一人放下執念，這個磁場馬上改變；當有人感覺到對方想離開，心一揪，這個磁場立刻改變；其中一人碰觸到對方的地雷，引發執念，磁場也會變化。此外，一個人的時候不一樣，兩個人的時候不一樣，三個人的時候又更不一樣，人多的時候則是以最強的那個為主。

總而言之，磁場不是永遠固定的。我們練功、打拳，氣場、磁場也會改變。以我自身為例，練了一年之後，孩子、動物很明顯地比以前更喜歡親近我，走到哪都有狗主動靠過來。畢竟孩子和動物是最直接而自然的，只會主動接近讓自己覺得舒服安全的人事物。

氣場會受他人的影響

我時常觀察周圍的人，向身邊的人學習，現在已經歸納出自己獨有的心得，只要觀察一個人的氣場，就可以感受到他現在的狀態、他的障礙是什麼、經歷過什麼。

舉個例子，有個人表面上看起來很優秀，可是我從磁場看到他的業力是過往無惡不作，沒有人知道這件事，我也沒有點破，直到他後來開始學習，我才把這個觀察告訴他，沒想到他聽了之後更認真學習，非常有意願改變，果真成功讓磁場移動。

有人問我：「去探病，或是跟狀況不好的朋友聊天，他們的負面能量會流向我們嗎？」我的回答是：不一定，要看你的心態，也就是你的出發點與動機是什麼。如果純粹出於關心，行為自然單純，就沒有什麼影響；如果是認為自己必須去幫他、跟他交流，不這麼做會感到愧疚或是這樣做才符合好人的形象，磁場就會受影響。

也有人擔心地問我：「以前聽人家說，有人過世了，如果去唸佛好像會沾染到一些不好的氣，真的是這樣嗎？」我告訴他這沒什麼，暴露在那個環境中，多少會受一些影響，但通常只停在表層，釋放就好了。如果是兩個人之間的因緣，就比較複雜，另當別論。

能量場的四個層次

能量場大致分為四層。第一層是表氣，在最外部，涵蓋的是我們的身體，反映我們的健康狀況。所以人家稱讚你氣色很好或是擔心你臉色很差，就表示你的健康狀態顯露在第一層能量場。氣場一般來說是看不到的，但是透過學習感知，有人甚至可以摸得到它。

我們的心理狀態會呈現在第二層，第三層則是家族能量。在我們的頭頂，家族七代的紀錄都在這個能量場上。有時候憤怒或悲傷卻不知不覺，無法克制，因為我們不知道頭頂這裡有一個上下七代的能量場。第四層是我們人類共通的意識。能量場影響我們跟家人的關係、跟工作的關係、跟生命的關係，我們帶著一、二、三、四層的整個能量場在活著。

氣功可以疏通到第一層，只有在身體沒有太大病痛困擾的時候，我們才有能力進入下一層。如果肉體出了毛病，便無法進入二、三、四層，你的心

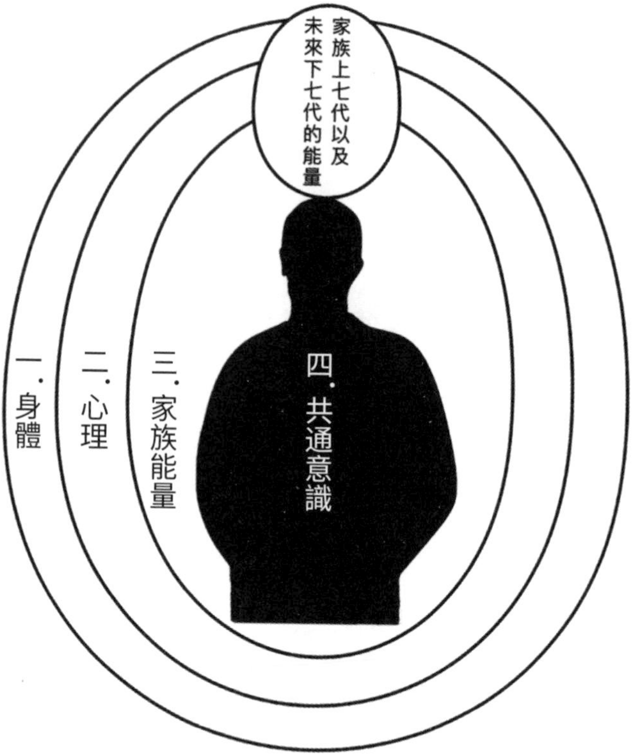
家族上七代以及
未來下七代的能量
一.身體
二.心理
三.家族能量
四.共通意識

能量場的四個層次

只想趕快痊癒，每天看醫生，因不舒服而痛苦呻吟，受著這個疾病的苦，沒有力氣進入下一層。如果停留在這個地方，我們無法看到並了解內心深層始終存在的痛苦。

能量場這個領域既深且廣，氣功的感知對整個能量世界而言只是一小部分，沒有人可以一五一十告訴你，我也是自己慢慢摸索，用血淚換取經驗。氣感只是一部分，覺性才是最完整究竟的，因為它已經是無限了，它將我們包覆起來，我們就在它裡面。

做家族能量或釋放時，我會一層一層深入，像這樣：有個人表面上看起來很生氣，這個憤怒的能量場呈現一種排斥的感覺，一種非常嚴肅、無法柔和起來的感覺。雖然是用憤怒二字來稱呼，但是以能量場的性質而言，語言文字實在難以精準描述它。仔細再看，第二層的能量場又不一樣，有很多委屈，有很多的不平衡。再進入一層，這是害怕的感覺。到了最後一層，原來他很希望被愛。二十年前，我只看得到憤怒，現在我體會到這人渴望被愛。

從憤怒到渴望被愛，每一個層次都有各自的能量場。

事實上，一層一層剝到最後，會發現每個人都渴望被愛！就連那個為非作歹的壞人，他也是渴望被愛。既然大家的渴望相同，那麼你只要先認識自己，自身這個磁場就能帶動別人，不需要特別做什麼，只要帶著注意，放鬆地正常生活就好。

家族能量是愛的平衡系統

家族能量可以說是一個整體的愛的平衡系統。為什麼說它是一個系統？家族能量在單獨成員身上，跟家族家人在一起的時候，這個能量的運作是非常不同的，它並不是一個人可以決定。

舉例來說，一個家庭裡面有四個成員：一對夫妻，二個小孩。當這對夫妻兩個人相處的時候，假設這個太太本身的家族能量裡面有一個「被嫌棄」

的感覺，在某種因緣下，她看到先生不順眼的地方，這個被嫌棄或是嫌棄的能量可能會出來，她就挑剔先生。先生他本身的家族能量也會在這個時候被挑起反應。

假設這個先生家族裡面有一個系統的慣性運作是「不被認同、不被了解，然後說不出來」。當事件發生時，他們各自的家族系統的這二種能量就會起來相互運作，這時他們可能會起爭執。

每一對夫妻起爭執的時候，最後的結果都會因這對夫妻他們各自的狀態而產生不同的結果，可能是不同的連結，或是不同的疏離，所以這個系統很奧妙。這是單就這夫妻兩人相處時的系統狀態。

當這個家庭的第一個小孩出現，這時候家裡有三個成員，家族能量有了變化，加了一個新的能量進來。假設有一天，這個女兒考試考得很不理想，她很想重讀。這時這個太太跟先生，他們各自受家族能量影響的看法就會出來，然後同時會給這個女兒建議方向。針對女兒的事情，他們可能會有不同的想法。

有時候，這個不同的想法就會在這三個人之間造成一種緊張，或是無法決定前途，造成這三個人日後的一種疏離，或是一種怨恨。當然它也有可能造成這三個人開始彼此連結跟愛，而產生日後的一種親近。這是三個人互動時的家族能量的影響。

鬆開障礙的機緣

不管家族能量如何影響，它會帶動到二個大的方向，一個就是往原來家族障礙的方向，停留在那個地方，然後被箝制在原來的障礙裡面。這個原來的障礙，稍後會說明。另一個方向就是從原來的障礙裡面，或許是這個家族的障礙，或許是父母親各自的家族障礙，卡住的痛苦的點，在這個時刻，它有一個鬆解痛苦障礙的一個機緣。

這個家族能量的障礙，既然它是一個障礙，在這個時候，我們很難有一個通往移動跟愛的方向。所以大部分的人會在這裡面一直重複發生雷同的事件，結果可想而知。

家族能量是一個愛的平衡，可是這個平衡，它一定要藉由一些外在的東西，或是一個發生，或是一個事件，然後得以讓我們在家族中的人，藉由這樣的一個媒介去發現，去解開家族、夫妻之間彼此的障礙，而通往那個家族裡面一種愛的平衡狀態。所以每一次的發生爭執，都是我們的家族能量平衡狀態重新開始定位跟連結的機緣。它是整體的家族平衡的一個力量。

接下來，家族的第四個成員再加進來的時候，最小的小孩，假設她談戀愛了，可是她受傷了。這個時候，前面談的那三個人會如何？可能會開始安慰她，也可能是責備，都有可能，任何發生都有可能。為什麼這第四個人，她會發生這樣的事情、事件呢？她談戀愛，然後受很大的傷，接著痛不欲生，其實這個在家族的平衡能量裡面，是有它的道理存在的。

前面那三個人的緊張與疏離，在一個失衡、失去跟家族能量連結，好像脫軌的時候，此時在家族裡面就會有一個人想要平衡這個家族的失衡，不是經由頭腦的，而是他的意識能量內在本身就有的一個設定，想讓這個家族回到愛的平衡。所以他會製造一個問題，透過這個問題、發生的事件，來讓剛才那三個人回到平衡。這不是他頭腦去算計的，這是我們的家族能量裡面本來就有的一種機制跟愛的能量，只是它透過這個孩子，第四個成員來啟動。

這個發生的事情背後，它是要讓這個家族的四個人去達到那個愛的平衡，也就是一種連結的力量。這種連結與平衡的力量，超越所有的發生跟所有的療癒。所以家族一旦失去這種平衡的時候，其中就會有一個人，有一分子試圖回到這個平衡的狀態。

可是問題就來了。在家族發生失衡的時候，每個家庭都有一分子想要去平衡，可是不知道要怎麼做。也許做的是對的，也許是有幫助的，也許是沒有幫助的，也許做的是傷害到別人的，有時候也許是傷害到自己，這些通通都不得而知。所以為什麼我們的家庭會出這些問題，讓我們傷心痛苦煩惱，這一個根源的地方就是我們的能量——我們整個家族軸心的能量，它失去了一個平衡。那些問題，就是要讓我們家族裡面的任何一個人或是每一個人能夠回到那個平衡的點。

問題就在於我們不知道該怎麼做。在這個做的過程中，我們也許做對，也許做錯。從這樣不斷地對跟錯當中，我們得到一個學習，得到一個跟家族之間的連結能量，回到那個原點，回到那個真正的平衡狀態。

所以我們看到家族能量這個點，從各個方向，試圖用各種方法——就是不用語言的——在讓這些失去平衡的家族的這個能量，重新回歸到那個點上。一旦能夠回到那個點的時候，這個能量它會自動運作，不需要我們做些什麼，它是超越我們頭腦可以去設計或是可以執行的一種機制。一旦能夠連結上的時候，這個能量就會自動運作得非常好，而且好到世間沒有任何的機制可以去操控它，可以去運轉它，這個就是它偉大之處。

所以我們在這個家族能量看到這個點的時候，我們沒有路徑，沒有方法，但就是可以無所不在地體會到這個平衡的力量。我們也在學習如何帶動讓這個平衡回到每一個家族的原點。

每個發生都是有原因的

我們試圖從這個失衡的地方，覺知、看見、體會，讓它回到原來的狀態。我們就是帶著一個非常謙卑、開放、允許的態度，然後讓這個家族能量來帶領我們，來教導我們，或是引導我們每一個下一步。事實上，只要我們帶著這樣的態度的時候，這個能量，它會自動地把我們跟這個家族的能量融合在一起。

在這個過程當中，我只能說，到最後我體會到：這個宇宙之間，還有家族之間這個愛的能量的偉大，我們無法去整理它、修復它、療癒它。其實我們只要認知到這份能量，它就是在我們每一個人的心跟家族中存在。我們讓它能夠彼此回到這個狀態，除此之外我們什麼也不能做。

這個就是家族的一個平衡狀態會發生的一個過程。所以在家族裡面，每一個人，每一個成員，他所做的每一件事情，每一個反應，還有發生的每一件事情，它都不是沒有道理的，它都是有原因的。那裡面非常多的不同變化，就是在呈現各種不同的障礙，不同障礙的背後就是不同的愛，不同層次，不同方向，不同包容，各式各樣愛的面貌。家族能量就是讓我們可以從這個地方，去體會到這宇宙的無限，跟家族和家人之間的愛。

為什麼有的人他們會互相怨恨傷害？有很多錯綜複雜的影響。比如說例子中這個家庭的大的孩子，看到妹妹失戀了很痛苦，現在爸爸媽媽都是關心她，那我的學業問題都沒人理，我就有種被忽略的感覺。有的人被冷落，他就會生出：「嗯！我就是要把自己弄好，不要讓爸爸媽媽擔心！」因此強忍自己的痛苦，這是一種反應。另一種反應就是他會嫉妒埋怨：「你們都理妹妹，不理我了！」可能就會自暴自棄。在這個家族裡面，因為自身的障礙，自己的業力，個人有福報跟有障礙的，他們延伸出去的問題不一樣，結果就不一樣。但是從這一個家族的能量來說，發生的事情，就會讓家族裡面的每一個人試圖得到平衡；可是在這個平衡的過程當中，又發生很多事情，也許有的人他就越來越遠，有的人他就可以平衡。

在關係中學習，不隨著能量反應

看到很美的地方，我們會想去觀光，因為那裡散發出吸引人的氛圍，讓人想要待在那個地方。看到某人會覺得很歡喜，因為他散發出一種能量、氛圍，讓人覺得可愛，想要靠近、甚至想要擁有。這一種讓人想親近的氛圍跟氣場，特質是和平、溫和，最重要的是不會對人產生危害。當他散發這種能量，旁人不會害怕受傷害，不需要保護自己，會很自然地去親近他。

同理，我們看到很不喜歡的人或事物，很可能是因為他本身散發出鄙視別人的氛圍，也許並不是針對你，可是他主要的能量帶有鄙視，所以我們的第一直覺就是排斥他。人們會排斥不好的能量，這是自然反應。還有一種情況是，兩個人有相同的問題時，很容易就會互相吸引。

大部分的人會依據對方散發出什麼能量，做出相對的反應。然而我們學習靜心之後，必須去注意，自己是不是停留在這種直接的反應模式裡面？覺察到這種反應之後，我們能不能去轉？不是轉對方，是轉我們自己。當我們喚醒自己，去看到、進而去鬆開自己的障礙，這樣的態度就是一種提升跟慈悲。

兩個意識能量的互動

你是否有類似的經驗：突然感到生氣或低落，似乎毫無理由。其實，這個情況有時是外在氛圍的干擾，有時是家人的緣故，有時或許是兒時玩伴在這樣心情下突然想到你。我們的心意識是互通的，我一看你或是想你，你會馬上接收到。

因此，遇到突然產生的不舒服、瞬間心情低盪下來，或是猛然一陣憤怒，不要輕易跟隨那些感受，注意一下，稍微給自己一個空間、一個停頓。只要你注意，你就能知道，我們每個人都有這種能力。

有個人問過我：「在平常安靜的時候，想起關係中的一個人，對他並沒有什麼情緒，可是一跟他見面相處，那個不要、不願意、不想順從的感覺就跑出來，這是兩個人之間的能量共振嗎？」

這是一個很好的問題。為什麼家人之間會有爭執、埋怨，是這個人不好嗎？是那個人有問題嗎？其實很多時候，這些爭吵和個人無關，而是家族能量。比如說某人帶有挑剔的能量，這可能是他的父母親、祖父母傳下來的。他從一出生就跟這個能量在一起，自己並不覺察，直到他跟家人或朋友互動，才引發衝突，或出現不甘心、憤怒等各種情緒。

為什麼自己一個人的時候很寧靜，和對方互動的時候情緒就會出來？因為關係之中包含家族能量跟業。我們每一個人都有家族能量跟業的糾結，互動的時候，對方的業（行為模式）及家族能量就會出現。所以當兩個人在一起的時候，不是這兩個人在互動，而是這兩個意識能量在互動。

夫妻之間也一樣，兩人攜帶各自的家族能量，或許男方家族是「絕對不能背叛我」，女方家族是「你要完全聽我的」，這兩股意識能量免不了經常衝突。衝突的真正原因通常不是表面爭吵的事件，而是這兩個家族的意識能量在對抗。我們身陷其中而不自知，因此很難取得平衡。

因此我們會認為某甲怎麼那麼可惡，往往是某甲他帶著一個你認為可惡的能量。家族能量的移動就是讓這個可惡的能量能夠散開。散開的同時，還要配合靜心。因為我們攜帶這個能量的時候，會養成一種慣性的思考模式，在這模式底下跟人互動。這兩者配合學習，讓我們能夠覺知到我們本來的狀態。當這個「可惡的意識能量」已經流動，我們本來的狀態呈現的那一刻，我們便能夠體會感受到那份愛。

家族能量一流動，很多困擾或問題都會迎刃而解。當我們帶著清楚、理解、覺知去跟能量同在，關係中的愛就會流向彼此。

學員分享

八年前當我先生決定從甲地搬到乙地的時候，我覺得他錯了，我覺得這個決定是不利於孩子發展的，因為當時我的孩子狀況非常好，而且甲地的學校是我經歷過最好的，我捨不得離開那裡。可是無論我怎麼跟我先生說他都聽不進去，平常他都很尊重我的意見，唯獨這一次我怎麼說他都聽不進去。從此我對他心懷怨恨。覺得不被愛、不被尊重，覺得他被恐懼所掌控。

然後孩子的狀況也變得非常不好，所以我對先生的怨恨就更加地深，想要離開他的想法不停地出現。但是因為我沒有辦法面對離開他的恐懼，也沒有辦法去承受分離的苦，以及以後要獨自一人帶孩子的恐懼，所以在頭腦裡告訴自己他夠好了，而一直沒有去處理這方面的情緒。

所以我開始了心靈的出軌，把別人攪和進來，傷害別人，然後感到愧疚。不斷心靈出軌的痛苦終於把我帶回來了原點，面對我對他的怨恨、想要離開他的事實，和我不願意為自己做的事實。然後我終於看到，原來我一直覺得別人要為我的幸福負責任，還有「如果他不符合我的期望就是不愛我」的信念。說也神奇，當我一一釋放了這些能量，看到背後自己的真相時，對他的愛居然又從心裡生起了。然後我不再堅持事情一定要怎麼樣，看到了他對我的愛和包容，看到了他盡最大的力量在維持這個家庭的完整，然後我想至少我們還在一起，我們可以一起面對。

上個禮拜天我跟兒子去散步回家的時候，我忽然有了一個回家的感覺，有了一個溫暖的感覺，啊！這是我的家。
這種感覺非常奇妙，我第一次覺得我跟我先生一起建立了一個家，然後這個家裡面要有什麼樣的味道，就是由我跟我先生一起來創造的，不像過去我一直覺得就是他得負責提供。
有一次聽老師說這個對錯對我們的影響時，內心忽然間浮現了這個對錯事實就是在重複我母親跟父親的關係。我的母親時常抱怨我的父親，說他多不好，犯了多少錯，她對他有很多的怨恨，她一直想要離開他，可是她又忍下來，在其中糾葛著。而我承接了她的能量，並在其中重複了這個命運，直到我釋放了對我先生的怨恨，看到了這個能量的錯綜複雜，好像現在我終於可以去過自己想要的生活了，不用繼續在痛苦裡生活。
屋裡有光，廚房裡有飯菜香，房間裡有笑聲，書房裡有讀書聲，花園裡有鳥語花香，感覺幸福！感恩！
——Y・Y

真誠的能量最強

能量不會掩蓋，也不會說謊，它是無法隱藏的。我曾經遇到一個人，他懂一些咒語、聲療，某天他念了一段咒語之後問我：「你幫我感覺一下，這一段能量強不強？」我回答他：「有啊！能量滿強的。」後來我們聊天，他透露了幾句心裡的話，我聽了立刻告訴他：「你現在所說的這些，比那個咒語的能量強十倍，能量很大很強！」

那一刻我突然明白：心裡真實的那一面，能量是最強大的，沒有任何東西比得上它。因此，唯有在我們對自己坦承「我很痛苦」、「我很害怕」時，自由的門才會開啟。

此外，如果你的心只想著自己，做事只為了被認同、被讚賞、得到好處，你的能量是很微弱的。當你超越自身，考量的是讓更多人受益，忘卻自我的時候，你的能量就無比強大。比如我曾經對我們線上課程的助教們說：你事先不知道你服務的對象是誰，既不認識他，也沒有想要得到什麼回報，這時候就是無私與純粹。純粹就是希望這些來學習的人，他們可以越來越好。就只是這個心，當下就沒有了自己，能量很自然地強大。

不論做什麼事，為家人煮飯、為工作付出，我們都可以調整心念，不以自己為先，而是純粹地服務別人。此時會發生一件奧妙的事：業會鬆動、瓦解。這是因為當你單純為了別人，你所做的事、你的方式、你的能量是截然不同的。也就是說，「我」一旦瓦解，我們的業才能夠瓦解。

【能量清理】清理負面能量

釋放句：釋放接收到的負面能量。

去過醫院或殯儀館等場所後感到不舒服，或是跟沮喪的人互動聊天之後自己也感到沉重起來，遇到這類情況可以藉由釋放來清除負面能量。

從眼睛接收到的負面能量：現代人長時間盯著手機和電腦螢幕，這些殘留在眼球或神經的能量會造成眼睛疲勞、痠痛不適，除了適時休息之外，也可以釋放眼睛看到的負面能量。釋放時會感覺到眼睛有很多熱氣出來，反覆進行幾分鐘，眼睛的不舒服就能得到紓解。如果目睹了驚恐的事件，也可以用釋放幫助自己安定下來，避免留下後遺症。例如目睹車禍事故的現場，離開現場後腦海中仍然不斷浮現車禍的畫面，這時可以釋放看到的負面能量，同時釋放驚嚇的能量。生活中看到任何不愉快的畫面，都可以藉由釋放來鬆開，例如看到電視上播出災難新聞，事後揮之不去，為了壓抑下來，反而感到更衝突跟痛苦，此時講完釋放句之後的停頓、專注與同在很重要，因為專注時就會停止對抗衝突，卡住的能量就容易流動鬆開了。

從耳朵接收到的負面能量：被別人指責、聽到沉重的故事、吵架或激烈的衝突等等，都可以釋放聽到的負能量，或是釋放被指責的能量。

第三章　你的想法就是你的世界

心念對氣的影響

心的平靜很重要，而心念的威力不容小覷。我以前剛學氣功的時候，常常藉由它去驗證「念頭」對「氣」的影響：先想一個不喜歡的人，起了一個討厭的念頭，去感覺氣的變化，這一想的時候，氣立刻變緊；接下來我會想一個很愛的人，喜歡的念頭一出現，氣又馬上柔軟下來。

由此可見，心念對我們多有影響力。如果你的心裡有太多跨不過去的障礙，你的氣一定打不開，怎麼樣都很難放鬆下來，結果就是無法解決問題，也無法緩解不舒服。身體的障礙，一定跟心有關，如果心中跨不過去，身體的毛病就無法根除。

氣與心念也是息息相關的，就算氣功練得再好，若是沒有深入到心靈，就不可能靠氣讓身體舒服。淨化除了身體還有心靈，如果不能進入心靈層次，身體會跟著受影響。因為沒有碰觸到心識底下的東西，只停在表意識。

身體的病痛，是累積好幾十年的思考方式造成的。我們沒有覺知的時候，一個負面想法就讓身體全部拉緊，不是只有一小個地方，而是整個身體，並且會在你有障礙的地方形成阻礙。身體的重大問題若是沒有搭配心念的覺知，也難以完全療癒。

排斥的背後是需要跨越的障礙

我的朋友問我，他跟一個氣場不好的人接觸，他就覺得全身不舒服，痛得不得了，那我上課時，這麼多人的眼睛看著我，一個眼睛看著，就是一個能量的交流，一個能量裡面就有很多的不舒服，我是怎麼樣承受的？

我跟他說，我沒有這個問題。我覺得會有這個問題，是自己心裡的卡點。你先有念頭，然後身體才會卡住。你會覺得你要保持一個都很通暢、不生病的身體，或者是有人一直稱讚你的氣場好，所以你要保持這些。背後一定有念頭，不可能無緣無故的，你要自己去找到。

我也曾經有過非常不舒服的經驗，那種感覺很難形容，就是渾身不對勁。可是任何我們可以感覺的東西，就表示是可以跨越過去的，一定有路可走，只是要不要去找。去找，就是去注意；有注意，才有能力去跨越。

我去找我過不去的那一條，我這樣找，在那個過程當中，我發現我原來被蓋住的東西。這都有一個過程，一開始不知道有這種火氣，可是後來練功後知道，這個火氣會讓人不舒服。接下來很多人就會很害怕，遇到就想躲。

而我不是，這個火氣，我會觀察它，我感覺到這個火氣的時候，我從這個不舒服去觀察它對我有什麼影響，然後它會持續多久？從這個注意裡面，我就學到很多。如果我對它沒有排斥，只是純粹地觀察的時候，它會教我很多東西。

這個人的火氣裡面，有紅色、藍色，有生氣的，有憂鬱的，還有期待的……一大堆。我才發現原來這火氣的能量，它帶了很多這個人累世的還有他經歷過的東西；有時候是身體的問題，有時候是心理問題，然後交互作用產生影響。

原來這個火氣有這麼多內容，如果我很害怕別人的火氣，想閃躲掉，就沒有機會觀察這些。還有一點，就是我自己也有跟對方相同的障礙，我沒有辦法跨越，所以我會想逃避，會去排斥。所以遇到一個排斥的東西，可能就是一個要跨越的障礙，它裡面有非常深奧的智慧。這個智慧，沒有人可以告訴我們，要自己去體會。體會這些之後，要放下任何障礙都非常地快。

綻放自己的光

以前我住在山上時，從來不點燈，弟弟曾經好奇問我：「你怎麼不點燈啊？這樣很奇怪。」他覺得一片烏漆墨黑，什麼也看不到，然而我明明看得一清二楚，而且感覺到自己周圍有光，其他人也有。

多年觀察下來，我發現每個人的頂輪都能放光，它的幅度是雙手打開的距離。每一個人都有光，乃至貓、狗、羊也都會放光，但是每個人的光各有不同。我只要一遇到光很明亮的人，就會跟對方多聊幾句，最後歸納出這些人的共同點：心很清淨圓滿，一心利益別人。我也觀察到，常常想占人家便宜的，很愛生氣的或是很恐懼的，他的光很暗很微弱。

所以，如果你覺得都是別人對不起你、是別人有問題、是別人在害你，任由念頭往慣性的方向而去，不即時「止住、停留」你的想法，被思考慣性牽著走，你的世界就會變成那個模樣。當你只想著自己，千錯萬錯都是別人的錯，你的光會變得非常黯淡，讓其他人不喜歡親近。所以你的世界是什麼？是不是在說明你的心念內容？

真正的學習、修行、悟道，始於生活中一點一滴的平凡之處，不必刻意去追求。只要去注意，任何小地方都能領悟。

面對真相會解脫

有一句話是「面對真相會解脫」，它的含義非常單純，卻很少人真正透澈了解這句話。

以憤怒來舉例，我很氣這個人，因為他對我不夠好、不夠體貼，我開始心生憤怒。事實上，我希望他對我好，完全按照我想要的方式，如果他不照做，我就會覺得他不愛我，我不想面對這個感覺，卻是以憤怒來呈現。那麼，真相是什麼？我不願意他不愛我，我不願意他對我冷漠，我希望得到他的愛，如果得不到他的愛，我會感到痛苦，我會很空虛、孤獨。

所以，終究最深處是我沒有辦法面對孤獨空虛。

當我們直接去面對孤獨、空虛的感覺，那麼憤怒在這一刻不見了。我們原本因憤怒而生出很多作為，耗費了很多精力在對抗，直到我們去面對，這時對抗就停下來了，我們的能量瞬間變得強大，這一刻就從憤怒之中跳脫出來了。

所以真相跟事實是我們不願意面對我們的空虛、孤獨。如果可以直接去面對真相的時候，憤怒當中的衝突、矛盾、痛苦，甚至起爭執，這些自然都停下來，就不用在這狀態裡面一直耗損能量。

當你直接去面對真相的時候，你的能量就不耗損了，你的能量就變得很強，而且當下你的心就鬆開了，這是很直接的。所以，面對真相能解脫！

外境是一面鏡子

生活中的各種困擾，例如家裡的互動方式，其實就像鏡子一樣，讓我們看到自己。照鏡子的時候，如果發現鏡中人的頭髮亂了，你是去梳那個鏡子，還是梳你自己？同理，當我們從外境看到自己，必須從自身去調整。

我們能不能透過這樣子呈現的過程去看到，我們是怎麼樣去解讀，我們是怎麼樣去想的；然後這樣的想跟解讀就慢慢形成這個鏡子裡面的障礙。如果能夠從這個地方去看，那麼我們的問題當下就能被我們了解、清楚，這才是一個根本究竟的方向。

如果身體出了毛病，遲遲無法痊癒，不妨將病痛當成鏡子，透過它來看見自己的心，進而調整自己的心。如果不這麼做，一味使用相同的方式對治表層的問題，它們就會像路面的樹葉一樣，今天掃了明天又掉，永遠掃不乾淨。

當我們開始去理解、去注意，會發現這些問題、這些障礙、這些痛苦、這些不舒服都來自於心念。也就是說，一切都是我們想出來的。我們的世界，我們遭遇的事情，經歷的苦難，都是自己想出來的。

所以，要先有覺察，而不是先解決。唯有好好看待自己身上發生的事情，找出原因，發生的一切才具有意義。這些事就像鏡子，讓我們看到自身的反應，如果拚命去梳鏡子，頭髮當然整齊不了。如果不了解自己的心是怎麼想的，問題怎麼樣也解決不完，還會一再重複出現。

痛苦、障礙、煩惱，它完全就是我們的念、我們的思想，它不是一個實體實際的存在。這個痛苦、這個障礙的存在，都是因為我們把它想出來的。我們的痛苦、我們的煩惱、我們的世界，其實就是自己把它想出來的。

是不是一開始你有這樣的想法，然後不知不覺你便造就了一個世界？所以你怎麼想，都是心想事成，你想要到哪裡去，然後就會到那個世界去。

你今天早上醒來說要去爬山，結果那一天你的世界就是山林風光。重點在於你怎麼想。你怎麼想，就把那個世界想來了。如果今天我想要去美國，我現在可能就在飛機上，今天我的世界就是飛機。是不是我先有一個這樣的念頭想法出現？如果我早上醒來就想：我要去跟情人約會、看電影、逛街、吃飯，我這一天的世界就是那些。

這些例子是比較表層的想法，還有很多微細深層的，它就是我們痛苦的根源。深入去看我們的生活，是不是都是從「想」這裡開始的？開始一個想法，一個接一個，一個接一個，到最後不可收拾，才說：我要解決這個問題。所以重點不是去解決問題，而是要能夠注意覺察到我們怎麼想的，沿著這樣的注意，看到問題的根源。

我們從這個地方慢慢地摸索，慢慢地去看到原來我們會有痛苦，我們的生命會碰到難題，歸根究柢就是我們的心。你如果不了解你的心怎麼想的，那麼問題就會一直重複發生。如果我們可以去看到自己的想法，理解自己怎麼想的，清楚自己怎麼想的，那麼我們就是清清楚楚地在經歷這世界。

學員分享

老師在《當下的釋放》裡提到，人為了被愛所做的種種努力，就為了被接受被接納。我是家裡排行最小的妹妹，從小受著兄姊的呵護。我的生活經驗讓我形成了「瘦弱會被愛，沒有能力會被幫助」的信念，這樣的信念在生活的各個層面影響著我。

我從小就發育良好，善於言辭，但是這卻與我覺得「瘦弱會被愛」的信念背道而馳，所以我改變自己，讓自己變得羞澀不敢言；而身形高大就成了我厭惡自己的原因。上了中學以後，因為周遭的同學都來自於都市，大部分是像林黛玉型的，我想要獲得被接納的感覺，我想要融入，於是慢慢地我也把自己變得瘦弱不堪，疾病纏身。

老師在《愛就在你心中》一書中提到，當我們看到我們的種種努力並不能讓我們獲得愛，或者就算被愛也只是短暫的一瞬間，當我們看到這些努力的徒勞無功，我們終於可以放棄在他人中尋找愛，而回到自己的內心。

對我而言，當我看到瘦弱並不會為我帶來愛，我終於可以放棄這個自苦的模式。當我們可以看到頭腦所創造出來的信念如何創造了我們的命運，當我們可以開始覺察自己、了解自己如何為自己製造受苦的模式，我們終於可以獲得自由。感謝老師走在我們的前面，為我們闢出了這條通往靈魂自由的道路！

——S・Z

想法建構自身的世界

注意我們的想法，因為我們按照這些想法建構出自身的世界。

想法是在我們意識裡的制約。出生的時候，你不知道什麼是牛奶，媽媽餵你時會說「來喝牛奶」，幾次之後你就知道牛奶是什麼，蘋果是什麼，餅乾是什麼，慢慢地知道越來越多。我們的想法也是如此，從小被教導應該這樣、不應該那樣，由於是長時間形成的想法，我們從不質疑。

任何的結論，任何的認為，都是我們學習來的。我們覺得這個是怎樣、那個是怎樣，這些未經檢視驗證的想法，不知不覺將我們團團包住，讓我們無法輕鬆自在。再往深層一點看，你認為應該如何，背後可能認為這是對我好的，這些「有道理」，其實也就是我們的想法累積而成所做出的結論。我們的頭腦就這樣建構一個一個的想法，並且深信不疑，因為如果不這麼做，我們會不知所措。

我們根深柢固的想法的源頭，除了從小的學習、社會文化，還有就是我們深層意識裡面的一個註記，也就是卡點。所以有些人明明走在正確的道路上，卻會在關鍵時刻往岔路而去，這是因為他的深層意識裡有這樣的一個種子。

所以我們不假思索很自然會這樣想：「我就是要認真，不然我不會被接納。」我們這樣想了，又認為這樣是對的，然後毫不質疑就這樣做了，我們的世界就是一直都很努力。可是我們現在開始質疑這個想法，這個想法牢不可破嗎？可不可以去看它、了解它怎麼來，不是去分析，而是實實在在地看這個想法？

當你不舒服，當你有問題，或是當你面臨生命中的重要抉擇時，首要之務是注意你的想法。一層一層深入去看，你會發現經歷的這些事情都有其原因跟道理，都是那些想法一個一個慢慢地把你導到這個方向。

雖然「覺察」二字像是陳腔濫調，然而沒有了它，所有的修持都白費功夫。因為你「不知道」。打坐一萬年，你還是不知道。欠缺「觀」，就無法生出智慧。從你的想法再延伸，甚至深入你的業力，讓這個「觀」一路到底，從各個地方去看見自己、理解自己，根本的痛苦才能夠停下來。

真正修行就是在這個地方，不是高深的名相，而是踏踏實實地注意自己，規規矩矩地生活。真正的修行正是在這裡，最平凡的，也最貼近每天的事情、每天的想法、每天的心，注意這些地方，它是開始，也是結束，這是真正的大法。

跳脫固定的思考模式

說一個小故事。有個家庭主婦每天認真把家裡打理好，也一直努力精進廚藝，想讓家人吃得健康美味。家務事就是她生活的全部，家人也很稱讚、感謝。直到某天，她準備了一桌大餐，可是老公只吃了四、五口就坐到沙發去看電視了。假設你是這位家庭主婦，會有什麼感受？「他嫌我菜煮得不好吃嗎？」、「我好委屈，都這麼盡力了，他卻不知感恩……」、「我到底做錯了什麼？」

注意你生起的念頭。假設第一時間，你注意到的是委屈，就問問自己：「我為什麼委屈？」答案或許是：「覺得太不值得了，對方沒有看見我的辛苦……」然後呢？你打算怎麼處理？「不知道，往正面想吧，他可能太累了，算了。」

就像這樣，我們的注意往往在尋求解決的階段就停下來了，因為我們沒有真正清楚。為什麼我們沒有清楚？因為我們很容易掉進慣性的思考模式，就像電腦程式一樣，輸入一個指令之後，它就自動運作，套用在伴侶、朋友、家人等對象身上。可想而知，你今天會因為伴侶而感到委屈，明天也會因為朋友而感到不值得。

儘管我們為對方找了一百個理由，委屈的感覺還是存在。因為我們對所有的關係都用相同的模式，而這種自動化的程式就稱為業力。這個業力跟朋友也運作，跟伴侶也運作，跟父母也運作，牢固不破。因為我們停下來了，只走到「尋求解決」這一層，只走到我們的表層意識。

在意識表層得到的答案，不可能真正解決問題。如果在這個地方停下來，問題的根源就不會被看到，我們就會在這個模式裡一直重複。必須深入第二層意識，問題背後的互動模式、信念、傷害才會出來，也許是因為自己曾經受過傷，那個經驗讓我們認定必須做到完美才能安心。然後我們會看到，追求完美的背後肯定有個障礙。唯有碰觸到這一點，才能跳脫模式，真正輕鬆下來。我們會知道自己不需要當廚神，「自然」就好。

要碰觸到這個點，必須注意你生出的每個心念，注意你出現的每個想法。每一個念頭都是線索，都可以帶你進入第二層意識，端看我們是否覺察。

學習覺察的三個層次

我們的情緒反應可以用潭水的表面來比喻。晴朗無風的日子，平穩得像一面鏡子；微風吹拂而過時，出現一些小波紋；雨滴落下時，會形成大漣漪；狂風暴雨大作時，水面會掀起波濤。是非對錯，好或壞，你愛不愛我，你有沒有看到我，我做得好不好，你認不認同我，我厲不厲害……這些都是表層的情緒反應。

第二層是情緒底下的能量，包括意識與記憶，例如以前被罵過一句不好聽的話、發生過一些難堪的事，這些經驗會形成信念。第三層我比喻為深潭水月，月亮的倒影在這個穩定的地方凝然不動，我們可以從這裡解脫，獲得自由。

如果我們停留在第一層，下一滴雨就產生一個漣漪，別人一句話就起心動念，動不動就高興或傷心，我們會永遠在這裡打轉，沒完沒了。它是假象，假象並非不存在，假象是如同水滴下去後立刻消失。

真相就是無論如何，你都不會失去，就叫真相。我們內在有一個真相就是在第三層，為什麼我們不往這裡看？我們為什麼要停留在第一層，因為我們無知，我們不知道我們內在有一個這個境界。所以我們一直停留在第一層，所有衝突都是在這裡。如果你能夠深入到第三層的話，那個衝突會不一樣。

這一個表面發生的事件，它的意義到底何在？為了讓我們能夠覺知意識到自己。當你覺知到你停留在這個地方的時候，馬上一層一層就深入下來

學習覺察的三個層次

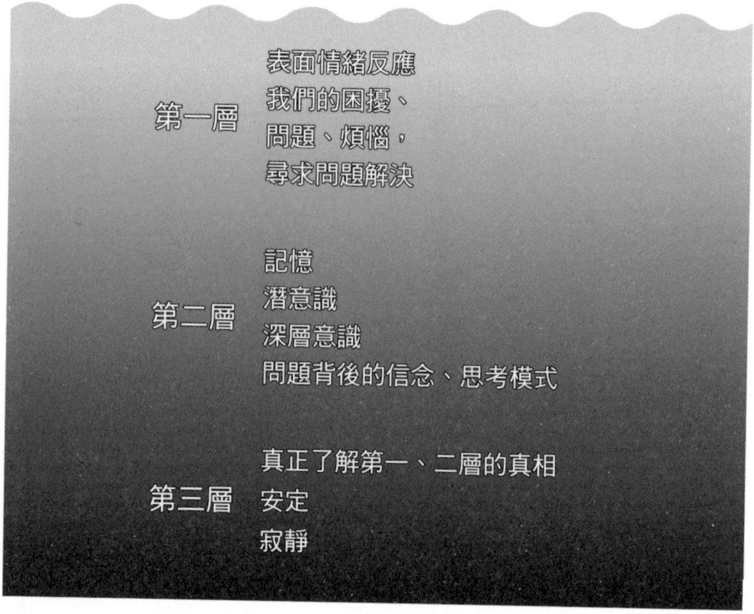

第一層	表面情緒反應 我們的困擾、 問題、煩惱， 尋求問題解決
第二層	記憶 潛意識 深層意識 問題背後的信念、思考模式
第三層	真正了解第一、二層的真相 安定 寂靜

這張圖總結歸納了面對問題的反應方式，第一層是解決表面問題；第二層是信念、模式、記憶等等；第三層則是安定、真正的學習與了解。在第一層，由於我們對問題不了解，就像把蘿蔔放到絞肉機裡出來的還是蘿蔔，一直用相同的模式解決問題，問題始終存在，而且還越來越多。當我們釋放、同在時，心安定下來，這份安靜能夠穿透第一、二層，直達第三層，看見我們生活中最根源的真相。

了。因為你知道說你現在看到的，例如：我的小孩總是考六十分，這是假象。當你可以看到這一點，你的心不執著在這裡打轉的時候，你的智慧才會出來，你有智慧才能解決你的問題。

所以任何的學習，你要能夠走到第三層這裡，回到你的心，回到我們原來安定寂靜的狀態。

舉個例子，有一位傑出的女性學員，她的工作能力比多數男性更強，在公司裡迅速竄升，然而當她即將升上最高階主管的時候，突然發生了一些事，不得不放棄這個升遷機會。奇怪的是，她明明很想要這個職位，機會卻一再到來又溜走。她感到非常懊惱，開始怨天尤人：為什麼運氣這麼差？努力付出這麼多，為什麼每次升遷都失敗？這是在第一層的狀態，就是檢討改進或埋怨。

聽完她的描述，我讓她釋放、靜坐。在過程中，她發現原來每到關鍵時刻都是自己搞砸的，她看到深層意識裡她不想要讓自己好過。釋放時的安定讓她碰觸到這份愧疚，這就是在第三層的狀態看到第一、二層的真相。

當講完釋放句停下來的那一刻，也可以說是受苦的停止狀態。當受苦停止的片刻，我們才有足夠的能量看見事情的真相。這時很自然地就能夠跳脫這個障礙。看清楚這個障礙的時候，它變得不是障礙，這份清楚能夠帶我們走向美好。

究竟安樂之道

教導釋放時，曾經有學員很困惑地說：「我剛才提出了一個煩惱，老師您不但沒有告訴我該怎麼做，反而開始談論起這個提問背後『真正的問題』，我聽不懂您想表達的意思。」

我回答：「當你們有疑問時，必須注意的是自己為什麼會產生這個疑問。遇到了煩惱，想尋求快速安心的解決方法是人之常情，但那只是治標不治本，我們要學習看到真正的問題。」

為什麼會聽不懂？因為我給的並不是你要的。簡單來說，就像你在螢幕上看到自己被打，你看了很不舒服，一直來問我該怎麼辦，我卻反過來問你：「為什麼覺得不舒服？」這不是你想聽的，你要的是「怎麼做」，我講的是「先了解問題本身」。

我不會直接告訴你：「去把投影機關掉！」因為你接下來會追問投影機在哪裡，我回答「在那面牆的後面」，你會再問我投影機的開關在哪裡，最後甚至希望我幫你關掉。你要的是立刻解除痛苦，永遠依賴別人告訴你該怎麼做。我當然可以直接幫你關掉，但這樣只會讓你越來越慘，因為你欠缺看見問題本質的能力。

例如有人問我：「我覺得對不起對方，想要道歉，是要當面說，還是在心裡懺悔就夠了？」

我沒有直接給他答案，反問他提問的背後有什麼樣的想法？

他說：「對對方有歉意，可是我不敢跟他講。」

我再問他：「你要去跟他講的時候，你會如何？」

他說：「我會覺得無地自容。」

「那你去看看這個害怕無地自容，還有什麼？」

他說：「怕對方從此以後不理我，怕跟他承認後關係破裂了。」

「喔！所以這裡有看到什麼嗎？」

他回說：「怕對方不愛我。」

所以我們的那個害怕躲在後面，然後就會生出一個問題，如果沒有清楚的時候，我們就會猶豫是否要當面道歉。可是實際上我們內在有個害怕，這個害怕跟是否要當面道歉完全無關。我們沒有看到這一點，所以這樣的害怕，一定會在我們生活中經常出現，讓我們衝突，讓我們猶豫，甚至會有一點焦慮。

所以重點是要釋放背後的這個害怕。單從這樣的釋放，放鬆下來，很多事情就會跟著鬆開來。如果我們遇到困難，不知道該怎麼辦的時候，我們就先釋放表面的那個念頭，從這裡切入去看真正的問題。

動中修止

我們受苦的原因在於「陷入受苦模式而不自知」，就像往東這條路會讓人萬劫不復，但我們往往是在走到盡頭時才發現大事不妙。

比如說我一直跟你借錢，借錢來花的時候很開心，不去想到時候要怎麼還錢，因為現在我花得很開心，完全沒想到後果。假設這個動作是往東走，學習就是當我一直往東走的時候，有一個「止」，也就是停下來。這時候我有一個警覺：「我好像不顧一切，我好像一隻鴕鳥似的，把頭鑽到沙子裡面去。」我突然能夠意識到這一點，這個叫作「動中修止」。

「止」的意思不是完全停下所有的念頭、所有的問題，而是停止自己往無底深淵的受苦裡走下去。動中修止，讓我們在受苦的過程中，可以去意識到這個方向是錯的，意識到自己正走向絕境。看到了這一點，就不會越陷越深。

每一個人的內在都有這種能力，可是沒有透過學習、透過覺察，它不會被激發出來。所以人們通常都是到了悲劇發生，或木已成舟、不可收拾的地步，才發現自己掉進了受苦模式。

製造痛苦的起始點是心念，所以我們要去注意在生活當中，一開始如何解讀事情，這件事情應該如何、不該如何。在這個時候我們的判斷能力、思考、還有習慣反應方式，就已經註定了我們的命運。

有的人可能會說：「我看不到某個念頭會帶來苦果。」我們不知道的原因是我們誤以為這樣子是好的，花錢的時候很開心，我只要快樂就好，我們不認為那是自我傷害。我們的想法很多，可能認為可以挖東牆補西牆，再想辦法怎樣，所以其實在那個時候，我們是逃避去看到這樣子會有什麼傷害。

這時我們就是被自己設定在一個侷限裡面。比如說我跟別人比較，想要得到認同，想要得到讚賞的時候，我們認為那很開心，而想要這個開心，我們其實只有看到一面。假設這個動作它有十個面向，我們只看到一面，我可能真的很開心，可是開心可能只維持五分鐘；後面九個面向就是我要收拾那些殘局：我被認同以後，我下次還要；然後當別人比我更受歡迎，我又要再跟人家較勁比拚等等。所以一股腦地想要滿足欲望的時候，我們就看不到其他面向。

學員分享

從小到大我的異性緣非常好，時常為多情而苦，陷入三角戀情，沒有辦法對人說不。

直到有一天，我發現我沒有辦法對男人說不的原因是因為小時候，大概在兩三歲的時候，看到我父親懲罰我的哥哥，他那時候可能五歲。爸爸把哥哥綁在餐桌的底下。那一刻我的心可以說碎了。內心有非常多的不忍，我想要拯救他。之後在成長的過程裡，時常看到爸爸懲罰哥哥，這些歷程讓我不忍心傷害別人。

無法對男人說不的原因是因為我想要拯救我哥哥。當我看到這個根源以後，這個與男人糾纏不清的能量就自然而然地停止了。

——S．C

流浪貓的啟示

有一次我去金門長住，交了二個流浪貓朋友：小黑黑跟小花，因為養這二隻貓，我對生活中的關係，有了另一層面的體會。

每天早上一醒來，就看到牠們躺在後門等我。有時候我從海邊回來，牠們也躺在那邊等，感覺很溫暖貼心。跟牠們互動的時候，好像彼此之間有一種情感上的連繫。

我離開的前二天就跟牠們說：「小黑黑，我後天就要回臺灣了。如果你來找我的時候，我就不在囉！你要開始自己去覓食。」

說了感覺不捨，再問：「我後天就要回臺灣了，你要不要跟我回家？」其實我心裡面沒有真的很想把牠帶回家，我只是因為不安跟愧疚。跟牠講完，結果牠第二天一整天都沒有出現。

另外那隻小花，我也這樣跟牠講，小花看著我，一副很可憐的樣子。離開那天早上，因為鍋盤已經打包，我只給牠吃飼料，牠平常都會在門口待到下午二、三點，今天沒有肉，結果大概十一點多牠就走了。

這二隻，我的好朋友，一個昨天就沒來，一個早上就走了。

我從這裡看到自己養貓的心態：看貓在那邊等我，很在乎我，會覺得很感動，覺得沒有繼續養牠很愧疚。然後接著看到，我以為牠對我很夠義氣，所以我要回饋，不然很愧疚。牠呢？牠怎麼樣想的？還沒遇到我之前，牠們也是活得好好的。所以我想我的，而牠不一定是像我想的那樣可憐。但是我們都活在自己的認為裡面，又認為「這樣的認為」是對的。

我因此體會到，所有的因緣都「有為而來」，所有的關係、發生的事情，都是有原因的。牠是為了吃而來，我們為了想要存好心幫牠。牠為牠的，我為我的，有所為而來。動物很單純，我們也是慈悲，餵牠無所求，可是實際上這裡面有微細的地方。牠來是要食物，然後我是覺得牠可憐，我在培養我的慈悲心。我的不捨，其實只是「如果沒有餵牠怎麼辦」的愧疚感，牠只是很單純地為吃而來，我們二個「為的」不一樣，所以就不會有交集。

如果因為牠是流浪貓很可憐，而我陷在這個認為，一定就會把牠帶回來。可是我覺知到，若帶回來，這邊牠活動的地方更少，牠在那邊有很多活動空間；而且牠在那邊到處流浪，每一家都餵牠，牠可以換口味，而我每次都餵一樣的。這樣看、看、看，我的角度就更多了，便不會掉進「我一定要幫助牠」的思維。如果沒有覺知，我的愧疚感比較重的話，可能就真的把牠帶回來，然後接著開始一連串生老病死的過程，跳脫不了。因為我把牠帶回來之後，更不能遺棄牠。

所以我們的關係也是這樣，跟配偶、朋友，想幫助別人，很容易不小心就陷入這個輪迴。我幫助流浪貓這二個月，就是短暫的緣分。當我的心可以這樣有彈性，就不至於因為沒有幫牠，或是因為離開、愧疚而不捨。人跟一個動物都會如此，何況是人跟人之間。很隨緣的時候，就可以過得很輕鬆。從互動中，從發生的事情裡，我們可以學習到更大的智慧。去享受這個生命，而不是在這裡挨生命的苦。

【靜心練習】把心安靜下來

把我們的坐骨拉開來：
右邊轉出去（大腿抬平往右繞再放下）
左邊也轉出去
後面尾骨頂開來
就這樣坐下來
這樣可以讓我們坐得比較久
不會傷害到我們的骨頭跟脊椎
坐好之後把身體微微往前傾約十五度
手放在大腿到膝蓋之間約三分之二處
然後把肩膀放鬆下來
我們回家後如果有時間

靜坐引導音檔

哪怕只有五分鐘、十分鐘
都這樣子坐著
肩膀放鬆下來
身體打直
頭不低下來
眼睛可以慢慢垂下來
頭不要低下來
好，頭抬起來，身體也打直
調整好姿勢之後放鬆
開始聽周圍的聲音
肩膀放鬆
聽周圍的聲音
不只用我們的耳朵，也用我們的心聽

用我們的心跟這個聲音在一起，把心靜下來地聽

心安靜下來

安靜地聽周圍的聲音

聽我們內心出現的聲音

跟這個聲音在一起

跟它在一起不等於認同它

跟出現的痛苦在一起

把心安靜下來

這份安靜就是解脫的良藥，能除一切苦

注意現在生出的感覺，現在出現的聲音

把心安靜下來

這份安靜就超越一切

把心安靜下來，跟出現的念頭在一起

這份安靜本身就是一種祝福
這份安靜本身就是愛
把心安靜下來
跟出現的感覺同在
即使出現的是負面的感覺，也跟它同在
跟現在的感覺在一起
把心安靜下來
這份安靜本身就是光
這道光無時無刻不在我們的周圍
把心安靜下來
我們就是這份安靜
我們就是這道光
安靜無所不在，既不屬於我，也不屬於你

把心安靜下來
跟「現在」在一起
跟我們的快樂在一起
跟我們的痛苦在一起
跟我們的憤怒同在
這份安靜能夠涵蓋這些痛苦
把心安靜下來
回家以後如果有回傷
我們就是這樣子安靜下來
如果不舒服可以講釋放的句子
遇到障礙、痛苦、困惑的時候
我們也可以這樣子靜下來
這個力量絕對比你去求助任何人還要大

第四章　回到自心

以煩惱為師

年輕時，曾經有人送我一臺冰箱，我心想：「哇！要價十多萬元，我要存幾年才有啊！萬一它壞掉了，我可沒有能力再買一臺。」我立刻覺察自己居然是害怕的，害怕自己沒有能力買這麼好的東西，怕別人對我太好，我會無以為報。表面上是因為那個人買冰箱，所以我痛苦，是不是該怪那個送我冰箱的人，或是怪那臺冰箱，害我這麼痛苦？

事實上是冰箱造成的嗎？它其實給我帶來生活的便利啊！可是當我認不清楚，用無以回報的心境看待這件事情的時候，這個冰箱就是痛苦。同理，別人怎麼樣對待我，也可以讓我很難過、很痛苦，覺得都是你害我，可是事實上不是，就跟冰箱一樣。

從冰箱這個例子延伸，如果有個人對你說了一句話，讓你覺得難過、受傷，問題不是那個人跟你講的那一句話，如同問題不是那個人送我冰箱，而是你對這一句話有反應，勾起你受傷的記憶。你會把這一句話跟以前受傷的反應連在一起，所以你過不去。不是那個人或那句話害你過不去，而是你過去的障礙一直都在那裡，沒有跨越。

冰箱帶出我的恐懼，我害怕自己無以為報。能夠去注意自己的反應很重要，才不會再用同樣的態度去看待經歷的事件。看清楚的時候，從中就會生出力量。不是「解決」了以後有力量，是「了解」了以後才有力量的。經歷這些過程，我們的靈魂才能夠真正地提升，不是因為去處理它提升了，而是去了解它而提升。此時你才可以說自己知道什麼是愛，因為在痛苦裡面是沒有愛的。

你看待痛苦，會有新的觀點。冰箱沒有任何過錯，發生的事件本身也沒有對錯，重點不在事件，它們只是引發點而已。有了這個態度，才有力量真正解決事情，才有力量使用「冰箱」，這件事情永遠不會再來打擾你。如果只是把表面的問題解決掉，它永遠跟著你，因為你沒有學會面對這件事情，靈魂始終卡住這件事情的能量，它自然會跟你相互吸引，重複再發生。

在家族能量場上，很明顯能夠看到，兩個人的障礙糾結，就是兩個人的能量，拉著一條線，然後就吸在一起。直到你知道「冰箱」是怎麼回事以後，這股拉在一起的力量就會變成愛，那一刻你的靈魂會有一種無法言喻的自在喜樂；這是沒有任何人可以送給你的，因為這個東西本來就在你心中，你現在讓它出來而已，這才是重點。

迷失的心

大部分的人無法去看到、注意到當下自身的狀態，而這就是受苦的最大原因：我們迷失了自己的心。

假設眼前有一個黃色彎月形狀的東西，我們如何去辨識它？首先是眼睛看見它的外型，然後傳回我們的大腦，接著在腦中搜尋到記憶裡有一個相同的東西，最後得出結論：它是香蕉。

這就是知覺與認知的運作過程。

我們的心迷失了，被比較強烈的印象占據。比如有些人講話很難引起注意，有些人說話很容易引發共鳴，會吸引我們的原因在於頻率相同。從我們的眼睛看到、耳朵聽到的，都進入了記憶庫，接著勾起我們一直未了結的東西——也就是觸動跟我們相同頻率的能量或業，我們就迷失了。由於無法專注在當下的狀態，所以我們的心迷失了。

為什麼我們會一直重複受苦？明明沒做過對不起別人的事，為什麼偏偏陷入這種困境？如果你不知道緣由，又談何清理？如果沒有清理，又談何解脫開悟？你想自由，你想解脫，一切只能空想，無法有實際的修持。

那麼，是什麼東西把我們揪住的？是那個我們感興趣的頻率，讓我們迷失了。如果我們理解這一點，就知道問題不在於別人，或是這些事情。如果不是在人事物的話，問題是在哪裡？是不是我們的心？我們迷失我們的心。

那麼，迷失的心要如何找到源頭，回到本來的寂靜呢？學習觀察、碰觸深層意識，並且必須行動，也就是「修」。如果只停留在知道，知道迷失了，知道要觀察，知道要深入，卻遲遲沒有行動，一切仍然是零。「修」就是行動。

自心所現

你的心認定它是什麼，它就會是什麼，這稱為「自心所現」。你會接收到從自己心裡投射出去再折返的那股能量，所以你會看到你想看到的，你會得到你想要的。

我們很少意識到自己所經驗的世界其實是內心的反映，畢竟一開始起因的心念跟最後的結果相隔遙遠。比如說你不知道如何正常地消除壓力，一感到焦慮就大吃大喝，最後疾病纏身，過度肥胖、高血壓、糖尿病。身體會出狀況，就是自心所現的一個結果。

每個思想、念頭全都環環相扣，最後的結果和最初的原因就算相距甚遠，看似沒有關聯，但它確實是由最早的那個念所生成的。為什麼會吃個不停？你只看到自己一直吃，其實促使你這樣做的是一種能量。能量是源自於心裡的某些情緒，可能是挫敗、憤怒、焦慮，總之你不知道如何是好，一心想逃避，逃避的時候就一直吃，所以它的起源還是那個念。

為什麼我一直強調「注意念頭」？因為我們可以循著一個個念頭去探尋，找出源頭所在，了解那個根源。若是都不知道自己在想什麼，直到我們最終受到苦果了，還是不知道原因是什麼。不知道原因，就很難去停止。自心所現——它在能量裡面，在每一個階段它都會呈現。

學員分享

小時候常被誇可愛，從來不覺得自己的外貌有什麼問題。直到上了大學談戀愛，男友常常挑剔我豐潤的身材，看我沒反應，還勒令我限期改善，沒做到就以避不見面做處罰。

這勾起我內在害怕被遺棄的恐懼，開始省視自己的外觀，批判自己。到現在有一幕還清楚映在腦海：有一天在鏡子面前，發現自己「原來腿這麼短！」從小到大，第一次這麼認為。怕被遺棄，便勉強自己討好他，再來是沒完沒了的節食，心情不好又復胖。

後來遇見現在的老公，他很喜歡豐滿的人，也常常誇讚我的圓潤。但我內心的恐懼依舊，即使他說：「妳最近好像胖了！」這樣平鋪直敘的觀察，我都覺得很緊張。

他可能看出我的緊張，附帶說了一句：「妳放心，我不會拋棄妳的。」我的解讀為：「你是出現這個念頭，所以為自己信心喊話嗎？」

跟素珍老師學習後，心寬體胖，老師說我胖起來比較好看，我覺得那只是安慰之詞，聽不進去。直到家族能量鬆動這種「我不夠完美」、「不完美就會被遺棄」的信念後，我才解除這個魔咒。今天聽到老公笑著說：「妳最近胖好多，臉變好圓！」心中不起波瀾了。

——C．Y

複製過去的傷害

假設一個場景：女兒被車擦撞輕微受傷，回家後跟媽媽說，沒想到媽媽不但沒有給予安慰，反而怒斥她：「你怎麼這麼沒用！三天兩頭惹麻煩，今天又給我闖禍！」倒楣被撞還被媽媽罵，這個女兒會有什麼感覺？

無論是驚嚇、委屈、不被認同、被遺棄，都會一一烙印在她心底，結婚後如果和先生爭吵也會有相同的反應，也很可能會把這種指責的模式複製到小孩身上。

我們通常不記得傷害的具體細節，感受卻會完整地保留下來，而且伺機而動，只要有一點點類似的情境出現，當時受傷的感覺就會一湧而出。

以她跟先生爭吵為例，如果她先生說：「一百塊錢就可以買一瓶醬油，你為什麼花二百塊？」她馬上委屈、不被了解、還有不被認同的感覺都出來了。請問是醬油的問題嗎？這一點請注意，我們跟配偶吵架或是有問題痛苦的時候，去找人家諮詢，我們都會說是「醬油」的問題。我們怎麼會記得，怎麼能夠清楚意識到最初的那些傷害？通常不能。雖然我們已經遺忘了，可是這些受傷、委屈、驚嚇、遺棄、不被了解、不被認同還是存在，只要情境類似，馬上就觸發出來。對這些感覺我們要怎麼辦？怎樣面對？

這些被遺棄的感覺、委屈的感覺一出現，我們會想逃避，可能會擺爛，或者就去做點喜歡的事情。我們逃掉，這個問題就一直存在。此時我們回來把心安住在痛苦當中。當我們覺察到這些感覺的時候，馬上停留在這個傷痛能量，例如「不被了解」，這個傷痛能量得到你的注意，它才能開始慢慢自動療癒。

在療癒的過程中，你可能會哭，可能會大叫，可能會很生氣，這些是表層的能量，請繼續安住在痛苦中，等到能量流過之後，那些感受會轉化。轉化成什麼呢？你在這個不被了解的過程，停在這裡，會真正看到你的恐懼、寂寞、孤單，而這些不被了解、被遺棄就瓦解了。你只要能夠停留在那些受傷的狀態，它馬上開始變化，而且不是頭腦能夠預設的變化。在這個過程裡面，如果可以再深入，你會感受到這個傷害是因為你的寂寞與害怕。

如果今天我沒有寂寞，沒有害怕，我可能會對媽媽說：「啊！我已經被撞了，你還罵我！」因為我有害怕，所以我不敢反應。擔心她又不理我，又更不愛我，所以她在指責我的時候，我無法為自己挺身而出，背後就是我的害怕。所以當你安住在這個不被了解、被遺棄，你的安住深入的時候，能夠碰觸到恐懼這個地方。這時你會看到人際關係中跟這有關的所有模式，這個就是純粹的注意。

再回到剛才的場景，這個媽媽為什麼會責罵女兒？因為她有期望，女兒不符合期待，讓她感到失望，而失望讓她產生憤怒。這份期望來自她過去的傷痛記憶，她不想再次遭受那種傷痛，這樣的態度就是恐懼。

如果我們不理解自己的恐懼，一旦生活中面臨挑戰，我們的反應就會一再重複相同模式。實際上這位媽媽就是陷入痛苦的模式，如果她不覺察注意，這個模式就無法停止，而且會經由女兒再複製給下一代。

人類的共業

恐懼、孤單、寂寞是我們內在深層的問題，任何受苦都與其密切相關。

前文提到的那對母女，女兒被罵了卻不敢反應，或許是因為她害怕被遺棄、恐懼不被愛。媽媽會這樣對待小孩，或許是因為她的母親也這樣對她，或許每一代都是如此。那位媽媽覺得女兒不符期望，她的期望是從自己的父母而來，再繼續往前追溯，我們甚至可以說整個人類的意識裡就有這個期望。

媽媽對女兒有期望，女兒對媽媽也有期望，她們之間形成共業。這共業不是媽媽的，也不是女兒的，而是每個人的意識裡面就有這個東西。

假設你看到了共業，不要想去消滅它，因為這個消滅也會形成共業。你能不能看到這一點？看到之後有什麼感覺？事實上，我們什麼都不用做，安住即可，因為每一個作為都會形成共業。

在安住的過程中，最重要的是保有清楚的覺性，有了它我們才知道自己是否跳進共業了。不隨共業起舞，才有清楚跟靈敏度，也才有機會跳脫固定模式，甚至促使人類全體有新的開始。

不要認為我們必須對我們的生活、對我們的問題逐一做出改變，這些觀念全是來自於我們的恐懼跟孤單，我們所有的痛苦，所有的反應，所有的共業都在這裡面了。

通達自身

這位媽媽因為期望而傷害了女兒，她希望女兒有能力，背後是害怕女兒不夠好，怕自己不是好媽媽；女兒被傷害的時候覺得被拋棄、不被認同，這些感受的背後是害怕不被愛。

媽媽在這個害怕裡面痛苦，女兒也在這個害怕裡面痛苦，她們在同一個害怕裡面。媽媽是用傷害女兒的方式在反應這個害怕；女兒是在被傷害後，以害怕被遺棄、害怕不被愛的感受來呈現，雖然表面上的事件不同，背後的根源卻是一樣的。這兩種害怕是一樣的，所以才說它們是共業。

她們只是彼此之間看似處於衝突對立，實際上雙方的反應與感受有相同的根源。學習同在，看見媽媽的痛苦跟女兒的痛苦是一起的，沒有分別，是無二的。看到的這一刻，媽媽跟女兒關係的那個斷層才會連結起來，才有可能開始轉變。

看到這一點的時候，就是通達自身的狀態。因為通達自身，所以也可以通達他身。女兒可以感受到自己的痛苦，被遺棄的痛苦；在女兒看見自身之後，她也能感受、能同理、能理解媽媽的痛苦、期望與害怕，通達到這個部分。

通達可以帶來很多的能量，是讓我們的心性擴大、擴展的一種狀態。這樣的理解可以運用在釋放，運用在關係裡面，道理是相通的。

清明之心：迷人與明人

當我們遭遇到困擾煩惱時，我觀察到會有兩類人，第一種是「迷人」。生命這條路該怎麼走？迷惘，沒有方向。這類人有一個很明顯的特點：責任都是在外部。「都是你！為什麼這樣對待我？你傷害我！這是你的問題，如果你對我好，我就快樂了，我就有愛了！都是你賺得太少，害我過得不好！」

這是「迷人」的典型反應。他們遇到事情的時候，第一個反應是逃避。他們會有很多受苦的過程，直到最後因為過於挫敗，乾脆擺爛、不負責任。

認識「迷人」很重要，因為當我們處在「迷」的狀態時，我們會拚命想要改變別人，希望被認同、被重視，最後徒勞無功，浪費我們的生命能量，因為方向從一開始就走錯了。

如同前面講的那對母女的痛苦在哪裡？是不是在內心的解讀、認為、應該、信念或渴望等等所製造，才會有一個「自心所現」，從我們的痛苦裡面衍生出這些問題來。

假設我們沒有從內在心靈去深入理解，就不可能自由解脫。第二種就是「明人」，明白清楚。他們遇到困擾煩惱的第一個反應是深入內在，因為他們知道方向只有一個，也就是內心。他們知道痛苦之所在，解脫之所在。當我們在學習的時候，我們的心態會決定我們走往哪個方向。

我們的情緒行為往往在「共業」中，也許是媽媽的受苦模式，或許是上一代的。一旦受其影響，我們會不自覺複製下去，重複相同的命運，漸漸成為「迷人」，失去希望。因此，我們必須自己去看，不是看外在給了我們什麼，而是去看內在，並且在過程中把勇敢、熱情帶出來。

要當個「明人」並不容易，因為我們周遭的「迷人」比比皆是，舉凡父母、配偶、朋友都會影響我們。只要一受影響，我們的反應就會進入「複製」模式。所以覺知、注意自心很重要，我們才能夠脫離這個「迷人」。

可是，通常我們非常難以去停止這種影響，這時候清理就很重要。

學員分享

記得有一次剛好有一個免費出國的機會，當我告訴女兒時，她的直覺反應居然是大哭！因為她想到假日不能跟媽媽睡覺、晚餐沒人煮……然後告知先生時，他也是皺起了眉頭，問說，那媽媽沒人照顧怎麼辦？經過這兩人的「刺激」，當天晚上我失眠了，於是我靜下心來釋放。起初很難抓到適合的詞句，試過釋放委屈、不被重視的能量，似乎都不大到位。最後釋放「權益被犧牲的能量」時，一股心酸整個湧現。

然後腦中出現畢業後想出國念書的畫面，結果也是因為家裡需要我那份豐厚的薪水而被迫放棄。釋放到這裡，整個淚流不止。原來以為已經過去的陳年往事，其實在心裡並沒有過去。當下的釋放，讓我感受到、同理了年輕時候的自己，一次次的覺察也讓身體漸漸輕鬆起來。

——Y．F

清理是看見，不是消除

如果我們「迷」的程度太嚴重，就必須借重清理。清理的目的，不是去除外在的問題，不是處理別人如何對待我們，它的重要性在於「能夠看見這是自心所現」，讓自己變成「明人」。

清理是看見障礙，而不是消除障礙。看見障礙的那一刻，你就不是「迷人」了。因為你看見了，馬上知道這個是自己的問題，知道自己必須從內在去瓦解、去鬆動、去清開。

如果不明白這一點，我們就會一直當「迷人」，不停找更有名的老師，找更厲害的上師，找最高的法。然而，沒有任何一個人可以代替我們跨越障礙，沒有人知道這一刻你心裡在想什麼、那一刻在想什麼，只有你自己知道，我們必須親自去做。如果不理解這一點，我們很容易一直往「外部」去尋找。

我們在學習當「明人」的時候，必須具備一個條件：願意。有些人不願意，看到自己的障礙就覺得自己不夠完美，不夠優秀，一心只想逃開，不願意面對自己的痛苦。

當我們一個一個障礙去深入，即使日夜不停歇，也許需要一個禮拜的時間，才能看清楚所有的掙扎與障礙的內容。因此，這需要很大的熱情。當我們可以持續去看，就處於明人的狀態，會發現這就是自心所現。來看看一位同學分享的例子：

我之前總是抱怨老公每天應酬到很才晚回家，為了想讓他早點回家，每天絞盡腦汁想該怎麼做，甚至要求接他下班。結果身心俱疲，狀況依舊沒有改變。

當我靜心同在，面對了這份執著，才發現原來自己心裡其實根本不希望他早點回家，因為我怕他喝醉了會找我麻煩。

十七歲時，跟朋友聚餐，男友喝醉，因為爭風吃醋，與人打架傷了大拇指韌帶。前夫喝醉，拿刀架在我的脖子上恐嚇我。潛意識裡，我害怕喝醉的人會鬧事、找麻煩，我把這股能量投射到老公身上了，

透過釋放、同在，我鬆開這些糾結的能量。面對、看見、了解後，我不再擔心老公應酬喝醉回家；而現在老公通常都準時回家，而且也不是每次應酬都喝酒了。

遇到問題的時候，我們如果學會怎樣去面對，那麼我們的生命、我們的生活、我們的關係就圓融。關係一圓融，心的安定與智慧就馬上跟著出來。

【靜坐練習】只是安靜地聽

好，現在再次把肩膀放鬆下來，自然地呼吸，眼睛微微閉起來

現在安靜地聽，聽周圍的聲音

把肩膀放鬆下來，安靜聽周圍的聲音，就只是安靜地聽

聽外面的聲音，安靜地聽

什麼是安靜地聽呢？

安靜並非完全沒有一點點聲音

也並非完全不可以有一絲一毫的念頭

安靜地聽，就是我們可以聽到每一個聲音

但是在聽到的這一刻

沒有覺得「我要、我不要」

沒有覺得「好聽、不好聽」

你只是聽這個聲音

這時候，你的空間會變得很大、很寬、很廣、很深

你只是安靜地聽

接下來，一樣安靜聽你內心生出的聲音

無論它是什麼聲音，你都安靜地聽

不要說「這樣想不可以，要那樣想」

不要干預，不干預內心出現的聲音

你只是安靜地聽，像聽外面的聲音一樣地聽

無論出現什麼樣的聲音，你都安靜地聽

就像安靜地欣賞美麗的夕陽

如果這個時候出現了任何的想法，你也聽這個出現的想法

安靜地聽

安靜就是可以聽到每一個聲音

也聽到每一個念頭，聽到每一個想法
你越是安靜地聽，你的心越是寧和平靜
這時候，你的心會像大地一樣
每一個人都可以從它上面走過去
不論是好人、壞人、富人、窮人，都可以走過去，就像大地一樣
這個時候，你的心就像大地
安靜地聽，安靜地跟你的心在一起
這個時候，你的心就像天空一般
就像陽光一般，每個地方都能夠被照耀到
每個人都可以被陽光照耀，無論他是什麼樣的人
這個時候，你的心就會光明圓滿
像大地一樣承載一切事物
像天空一般寬廣

像太陽一樣照耀每一個地方
涵蓋每一個地方
涵蓋每一個人
這個時候，你的心很自然地處在一種平等的狀態
當你的心越平靜的時候
這種平等、光明、圓滿的狀態就會自然而然出現
安靜地聽，安靜地跟自己的內心在一起
安靜地聽內心生出的聲音
安靜地聽生出的想法
不要干擾你的想法
你就像天空跟大地一樣去聽

第五章　信念決定命運

覺知對事件的解讀

每個人對於同樣的事件都有各自不同的反應，會有什麼樣的情緒，取決於我們如何解讀這個事件。

假設有個小學生跟爸媽說要去遠足，請他們幫忙準備點心零食，結果他們忘記了，什麼也沒有準備，他會有什麼感覺？可能是生氣、難過、傷心、失落、埋怨、猶豫要不要放棄、丟臉、被忽略、我不重要、我不被愛、自憐……這些感覺會慢慢擴大，並且深入日後的每段關係裡面。

覺得「我不被愛，我不重要」的時候，他如何去反應這種感覺？即使是小時候發生的事，但在他長大成人後仍然會陷在相同的模式裡。問題出在哪裡？出在他小時候對這件事情的解讀。

對孩子而言，世界非常狹隘，這件事對他來說很重大，不論成長到幾歲，這個部分始終停留在童年，他會用同樣的模式去反應，並且在關係裡面原封不動地複製這個態度。每一次複製，等於是在重複經歷「我不重要、我不被愛」，越是複製越沒有能力看到，因為傷痕累累。

很多事件會把我們的傷害帶出來、攪和在一起，讓我們分不清楚是事件還是解讀在影響我們。需要先分辨清楚，我們才有辦法跟人建立新的關係，否則我們的反應會停在過去，無法跟周圍的人真正建立關係，動不動就掉回「我不被愛」的模式，覺得「我不重要」，然而其實是我們自己把別人推開、推遠的。

受傷的能量如火苗

被傷害，還有傷害別人，這其實是同一件事。當我們受了傷，會帶著這個傷在身上，我們就會再反應出去對待別人，這個行為是能量的自然反應；不是我要刻意傷害別人，而是我們受傷之後，這個能量卡在這裡，然後我們再反應出去，自然地呈現能量。

也就是說，我受傷了之後，我必然去傷害別人，這件事情是我們無法控制、無法說要或是不要的。受傷的時候會有一種「我不值得被愛」的感覺，這感覺就是受傷到最後所做的結論。這個「我不值得被愛」從哪裡來？不值得被愛的人是誰？你一層一層探究下去，就是一個受傷的人。

可能故意挑剔，可能故意跟你對槓，可能曲解別人的好意，好讓你來印證我心裡的認為，結果你就真的覺得我不好，真的就發生了。這很弔詭，我們的頭腦很會製造痛苦，你想要什麼方式，不知不覺就會按照這樣去進行。就因為我們受傷之後，無法跟這個受傷的感覺有個距離，這些全部都是頭腦反應出來的結果。

信念主宰關係與命運

我以前曾經跟人合夥做生意，後來錢都被騙光了，當時我做出一個結論：合夥的生意不能碰。我依照這個信念過生活，只要有人來跟我談合作，我就會變得非常固執，認為自己這樣就不會再受傷了。

人們都活在自己的信念中，雖然它保護了我們的安全，另一方面卻也讓我們活得像木乃伊。只要去看見、去注意，我們會活得不一樣。

信念在我們的內心深處，它通常不是用一個念頭直接呈現，而是用很多生活中的行為來表現。比如說，這裡椅子只有十把，有第十一個人進來的時候，你會立刻起身讓他，因為你心裡覺得自己不值得，覺得「沒有位置」，或是「我不好，別人比較好」。

然而，「我不值得」是頭腦的定義，是你自己認為而已，它不是事實，是你根據過去的一些傷害，為自己打一個分數。當你看到這一點，知道這只是你的一個想法，不是事實，這一刻你就鬆開了。

我們可以從日常點滴之中去觀察，覺知自己跟人的互動。當你內在有一個「不值得被愛」的信念，就會拚命做更多讓自己值得被愛的事，例如沒有先評估自己的財務狀況就隨便借錢給別人、別人的要求再不合理你也答應。

這些都是因信念而生出的行為，頭腦會一直讓我們走相反的路，以為可以彌補原來不值得被愛的。如果無法洞悉它，我們勢必受它掌控。

學員分享

過去的家族裡面非常重男輕女，哥哥弟弟總是最優先順序，我總是不平衡，漸漸生出想要比家裡男生好、比男生強的想法。此外還有堂姊妹一堆，也會被拿來比較，我被拿來比的缺點包括，嘴不甜、不會說好話、長得醜、太瘦沒肉……。

所以形成了不斷在嫉妒別人的想法，心胸狹小。只要別人做了什麼事得到讚賞，我心裡就會出現：真希望是我做這件事得到讚美。漸漸地種下「想改變自己跟他人一樣，才會得到認同」的信念。然而在改變的路途上總是挫折不斷，這也不好、那也不好，每一個環節都是在衝突。

有一天，我終於看見自己總是想要成為別人，而這麼多年來的努力卻始終得不到，那一瞬間，我放棄了，放棄改變自己。之後我專注在注意自己身上，這個「覺得成為別人就可得到認同、得到愛」的認為被看見了，習性的反應還是會直接出現，我注意到它出來了，釋放同在，一次兩次三次，幾次以後，在關係互動中這樣的感覺、念頭一出現，它就像風吹一樣，一下子就過去，出來、過去，出來、過去。我跟自己的連結越來越深，那種覺得自己不夠好的感覺越來越少，在不知不覺間心裡面的聲音越來越少，越來越安靜，自然。

——I．J

動機就是結果

若是欠缺覺知，我們會一直理所當然地活在信念的設定之中。例如小時候很努力符合父母的期望，盡量按照他們的要求，然而父母並沒有因為我們聽話就快樂。反過來看，父母小時候也一直配合別人的期望，漸漸失去自我，不知道自己要的是什麼，失去自我的人不可能感到快樂。

人們的內心傾向符合別人的期望、讓別人開心、讓別人接受我們，一旦形成固定的模式，常常會因為過度在意別人的反應，擔心自己做得不夠好，導致心情無法開朗起來。

如果欠缺覺察，我們會一直陷在裡面，因為這個模式太強烈了，我們會習於依賴那種熟悉的感覺，就像螞蟻喜歡吃糖一樣，我們會不自主地被吸引。這個模式的拉扯力量很大，沒有透過學習的力量，很難跳脫出來，會一直深陷在這種受苦的模式。

動機就是出發點，怎樣的動機就導致怎樣的結果，可以說動機就是結果。小孩的動機是讓父母快樂，以為這樣就可以得到關愛，感覺到被愛時自己就會開心，所以很努力幫忙做家事、認真讀書，百分百按照父母的要求，可是父母不快樂，沒有給予關愛，於是孩子覺得不被重視，最後形成挫折。

我們以為完全聽從別人的要求，他們就會快樂，他們快樂了，我們就開心。如此一代一代複製下去，每個人都把快樂的決定權交給別人，但是「他們快樂，我們就開心」的日子永遠不會到來。

根本而言，「他們快樂，我們就開心」的想法，問題是出在哪裡？

問題在於我們把它當真了。不是這個模式好或不好，要改或是怎麼樣，而是我們把這個模式當成是事實，我們認不清楚它只是「以為」。我們的頭腦無法認清它是一個虛幻、而且是自己製造的，應該說整個社會都在製造的——但我們認不清，問題在這裡。

找回自己的力量

很多人都是卡在受害者的情結，認為問題都是別人害的，因為對方做了什麼，我就不得不怎麼樣，沒有看到自己也是共犯。觀照的時候，看看自己是怎麼幫他的，他會這樣做，可能跟你有關。

或許是有意無意的，他一再地試探你的反應。比如說，假設他現在跟你借錢，第一次跟你借一百塊，你就借了，然後沒要他還。第二次他再跟你借，借了五百塊，你又借他了，又沒跟他討。下一次他跟你借三萬塊，你還是借他。最後一次借了一百萬，沒還了。你覺得受騙，害你損失很大！

我們學習靜心，此時要觀照自己：為什麼沒辦法拒絕？可能是因為我覺得愧疚或是怕失去這個朋友。那我是怎麼在幫他的？我是怎麼成為共犯的？我會借他，是否想要得到什麼好處？面對他的索討，假設他要的是錢，我為什麼會給他？因為借他，就不會失去他。我有「害怕失去」，這個是我們要觀照跨越的點，我要去看看我的「害怕失去他」。所以當他跟我借錢不還，傷害我的時候，在這個過程，有一部分是我幫他，因為我有我的害怕。

不是說以後都不要借他。而是要觀照你的「害怕失去」這個點。你讓這個害怕失去的障礙出來，面對它的時候，內在可能會出現其他形式的恐懼，彷彿老虎獅子出籠，你就嚇跑了，逃掉了，下次你還是借。如果你知道，這老虎獅子是紙做的，虛妄的，咬不死你，那你就讓這個害怕出來，看看會怎麼樣。這時候，你就跳脫這個痛苦了。這老虎出來，你可能認為你會被牠咬得很痛，你就讓牠咬，承受那個痛：「是，我是很害怕失去！」那麼這個點就鬆開了，你就跨越了，因為你已經不害怕了。你自然會生出能夠自由過活的能量，因為你沒有恐懼了。你要先沒有恐懼，這個障礙才會出來。

不把痛苦投射給對方

有位學員在家族能量工作坊後，發現自己內在有很大的忿忿不平的能量攪動，看周遭什麼都不順眼。原本在關係中處處忍讓的她，竟然敢回嗆反擊。對於這種轉變她感到不知所措。

原來她以前都會壓抑配合別人。當我們在配合別人的時候，這些壓抑下去的情緒會形成內傷。為了要配合別人，我們就壓抑自己，討好對方。認為討好對方，就會得到愛，我們想要的愛就是他對我好。

壓抑通常是為了某種好處，例如換取我們想要的愛，這樣子是交易。我們的配合，對方感受到的是什麼？表面的和平。我們為什麼要忍耐？我們忍耐，想讓自己變成好人，以為變成好人就能滿足被愛的渴望。可是這樣的壓抑忍耐，心裡的委屈、不平衡、不開心，對方會有什麼感受？事實上，這樣的模式是在破壞彼此之間的關係。

再深入下去，注意看，用我們所有的感官注意去看，這忍耐背後真正的含義是什麼?害怕衝突，害怕失去。我害怕，可是我卻用這樣的方式來掩蓋我的害怕。現在面對我們的痛苦，跟我們的痛苦在一起。

再深入探討，「害怕失去」是我們內在的一種痛苦，可是我們卻把我們的痛苦跟對方綁在一起。我們把痛苦投向對方，這個時候，這個痛苦就會滾出更多的痛苦來。如果期待「對方怎麼樣做，來讓我們不害怕失去」，我們的痛苦就會不斷重複。

因為如果我們把痛苦投向對方，就變成是一種對立。這時候，我們就要想出一個辦法來對他，現在是壓抑，下次你可能要想出更多的辦法，這「不斷地想出更多辦法」的過程當中，我們始終陷在這裡，痛苦會一直循環不停。

所以現在要回過頭來，直接單純地面對我的害怕失去。因為只有這樣直接面對這個痛苦，解脫才會出現。我不把我的痛苦轉向對方，我直接去面對這個害怕失去，把注意停在這個地方，這個「害怕失去」就會馬上變化。

所以跟自己的痛苦同在的時候，比如說對方劈腿，我會有什麼痛苦？被拋棄、被遺棄、被背叛。如果我把痛苦的原因放在對方，或者外在事件，我的痛苦永遠不會停止。「你怎麼可以這樣做！」如果我的思考邏輯往這個地方走的時候，就會沒完沒了。

假設我被劈腿的時候，我可能會有被拋棄、不甘心、被背叛的情緒，這背後真正含義是什麼？害怕失去，剩下我自己一個人。那是不是要去面對我的空虛跟孤單？假設今天我對我的空虛孤單有一個完整的認識，去面對它，就不會因為對方的作為而難過。

當我們學習去面對、去注意，讓我們的意識起了轉化之後，我們會很自然地把這些能量帶給孩子，帶給周圍的人。只要直接去面對痛苦，一切就會變得非常單純，我們的受苦模式會一個一個解開，毫不費力。

透澈自己的堅持

當對方非常堅持的時候，在堅持的背後一定有他的害怕與受傷。如果這些執念或是受傷沒有鬆動的話，對方就會一直堅持，我們要去看到堅持背後的痛苦，交流溝通才有可能發生。

這很不容易，牽涉到個人障礙跟業力，以及整個社會的共業，非常複雜。我們必須經過學習，一一去注意，去看到那些執著背後的痛苦與害怕，然後愛才能出來。愛出來之後，才能產生真正的交流。

只要我們願意去注意自己在關係裡面有哪些執著和障礙，這個態度就是一種愛。不是去克服，不是去要求別人，也不是要求自己，而是看見關係之間，阻礙彼此之間的愛流動的到底是什麼。

要是我們理所當然地用自己的認為、執念、信念和對方互動，這就不是愛。因為在這個時候，我們會堅持我們的原則、信念，因而導致問題。當我們可以看見這一點，我們的關係很自然就會有愛出現，而且這個才是根本跟究竟。

不隨對方起舞

當另一半在公司受了氣，或是通勤路上發生不愉快的事，難免會將生氣、懊惱的情緒帶回來，使我們相處時多少受到影響。

我們要怎麼做，才能不受影響？首先，要能夠看見。如果你什麼都沒有看見，就會依循原來的模式，導致關係越扯越緊。不受影響的意思並非關起心門不理不睬，不受影響是透過學習去看見。

所有的學習，並非為了解決，而是為了了解。當我們自己在痛苦的時候，或是遭遇挫折的時候，我們的挫敗感、我們的痛苦、我們的反應，都能夠被我們鬆動或是看見、理解。

當初被我們忽略的痛苦，變成一種被壓抑下去的能量，現在我們看見了這個壓抑的能量，同理自己，如此一來我們才能夠同理對方，我們才能夠不受影響。

也許對方還沒有跟我們一樣一起學習，也許時間未到，但是我們理解對方的痛苦。有了這份理解，等於擁有非常深刻強大的同理心，如此一來就能夠不受影響。這就像是看到兩歲小孩在哭鬧，我們不會指責他，因為我們知道他一定有什麼需求，可能是肚子餓了或是身體不舒服，我們的情緒完全不會因他的哭鬧而起伏。

靜下來，慢慢地注意，我們很快就能夠看到。一旦看到，就能理解，就不會受到影響。

越有理、越委屈

有一些不了解的人，他們來向我提問，聽了之後會覺得我答非所問，甚至可能會越問越氣。

例如有一個人，他一直認為自己很有道理，自己才是對的，別人都不對，可是他既然這麼有道理，為什麼看起來這麼委屈？他來向我提問，要的是我的認同。他是從他的「我」以及他的障礙為出發點來問問題：「他這殺千刀的，竟然這樣對待我，你說他這些方式對不對？」

他的目的是要別人評理，一心只想爭論對錯。他的問題是出於這個動機。他覺得我答非所問，因為我不跳進對錯的陷阱裡。回答對錯很簡單，可是這種答案對他沒有任何意義，他不會進步。

我不會告訴他這樣是對或錯，否則他將永遠跳脫不出來，一直在原地打轉。認為自己很有道理的人，通常都在同一處打轉：「為什麼這樣對我？我做得很好，你應該那樣對待我！我對你好，你也要對我好！」他們像這樣鑽牛角尖、轉不出來，在業力輪迴。

他的世界只有對跟錯，我要他跳脫這種二元思考，所以他聽不懂。唯有跳脫原本的框架，看看其他角度，才能讓頭腦有「新」的看見。可惜他目前還聽不進去。也許日後某天他會突然領悟，發現人生不是只有對錯、好壞，還有更多面向。

學員分享

從小看爸爸總是在田裡忙，晚上會出去找朋友聊天，但三伯父卻總在我面前說爸爸的不是，讓我覺得很難過。所以我就有一個「做事情要做到讓人無話可說」的信念，做事情自我要求甚嚴，常處在緊張焦慮、害怕做不好的狀態中。

有一次感覺胃緊繃痛了起來，釋放胃痛的負能量，這胃裡面有許多的痛苦，眼淚不自主地流了下來。

自開始工作到十二年前，大概照過四次胃鏡，每次都以為自己得病，但檢查結果都無礙。繼續釋放胃憤怒的能量，接著出現委屈，釋放胃委屈的能量，跟出來的情緒同在，胃痛也緩解多了。

我一直以為的身體不舒服，其實是長期累積的情緒在胃部。在釋放的過程中，讓凍結在心跟胃裡的痛苦和障礙流動，有一個清楚明白，身心頓時覺得輕安許多。

感謝素珍老師教導的靜心和釋放，簡單好用，只要在生活中去注意自己出現的情緒反應，理解情緒要訴說的真實狀態，鬆開糾結的痛苦，慢慢地可以體驗到真正的輕鬆跟自在。

——F．T

我不夠好

多數人都有一個很深的信念：覺得自己不好。這信念並不一定是我們的，事實上，它通常不是我們的。人類自古就有這個信念，因為這個信念會促使我們去做很多事情。

由於這個信念非常根深柢固，所以我們都在這個「覺得自己不夠好」的前提底下，去做很多無謂的、浪費能量的努力。如果我們可以直接去碰觸這一點，就能少走很多冤枉路。畢竟「讓自己變好」是一個永遠無法達成的目標，即使我們變得比之前好，信念仍會告訴我們「不夠好」，終究只是在這個業裡面打轉。

此外，因為覺得自己不夠好，以此為出發點，延伸出去的所作所為可能製造出更多問題。覺得不夠好，所以要競爭，所以會嫉妒，然而嫉妒心不但讓我們不快樂，也容易引發糾紛，更不用說競爭過程中很有可能不小心傷害到別人。

如果可以直接去面對那個「不夠好」的信念，讓自己穿過去，就會到「覺」。那個過程必須自己去體會，當我們這樣穿透過去的時候，等於穿透了人類全體的意識。

因要求忠誠而苦

很多人堅持談感情必須這樣那樣，認為對方必須完全忠誠，然而這些人卻比一般人更容易遇到對方不忠誠的情況，一生都在痛苦中打轉。

一個人真的能對另一個人完全忠誠嗎？我談的是心，不是行為。意識是難以捉摸的，而且很容易受影響。難道要把別人抓來痛打一頓，叫他忠誠，是這樣嗎？當我們要求絕對忠誠時，能不能看到自己？發現對方不忠誠，我們為了無法得到忠誠而痛苦，更加執意要求別人忠誠，然後被這個執念束縛得更緊。除了感情，甚至要求朋友、同事、客戶忠誠，「渴望得到忠誠」變成了各種關係中的障礙。

能不能看到「痛苦不是因為對方不忠誠，而是我們要求忠誠」這兩者有何不同？似乎頭腦裡有一個畫面，你儂我儂，對方眼裡只有我時，我就有幸福與安全感。我才會要求得到一個忠誠，這是我要識破的點，還是對方要來做到的點？

人們不喜歡被強迫，當你要求忠誠，會讓對方承受過大的壓力，對方的反應就是逃；可是當你有了覺察，不再逼迫，對方反而不逃，這是很自然的事情。

當你從那個執著的點跳脫出來，提升新的層次之後，不僅不再痛苦，對方也會更靠近。能量的運作非常奧妙，重點就在於我們能不能跳脫自身的障礙。

對話錄：沒有人可以給你幸福，也沒有人可以傷害你

同學：在關係中的劈腿行為，是確實發生的事情，並不是念頭，可是您說這些都是假象，不是真的，我不太理解？

老師：你小時候住哪裡？

同學：高雄左營的眷村。

老師：最後一次回去是什麼時候？

同學：大概有四十年了。那地方變成軍區，不能隨便進去。

老師：我現在問這個的意思是說，你以前生長的地方確實存在過，可是現在呢？

同學：現在沒有。

老師：那你說它到底有還是沒有？

同學：有，在我記憶中，心裡面。

老師：在你心裡面，你心裡面可以有，也可以沒有。這件事不容易，不是用頭腦就可以抉擇，這是你需要去穿越的地方。我不想講一些話安慰你，你要自己去參透。

所以到底它現在還在不在？它是不是真實的？我們只是在文字上這樣說其實沒有太大的意義，我們無法因為它不是真實的，就能夠放下這個執念，一切要以你的感受為主。你對於被背叛或是被遺棄其實有很大的憤怒，那些憤怒你讓它出來以後，它就不是真實存在，可是你壓抑它的時候，它就是真實存在。

以前我對男朋友的要求非常高，只要他多看別的女生一眼，我就受不了而分手，因為我害怕碰到劈腿的人，覺得自己無法承受被劈腿，所以一開始要求那麼苛，原因就是我不能接受這一點。後來我慢慢在學習的時候，了解了這個點其實可以突破。

每一個發生都絕對不是單純這件事情，它背後有很多因素存在。因為我們只執著在於「你屬於我，然後你背叛我」，所以會過不去，只停在這個點，我們看不到事情背後的因素。遇到難解的問題，我們要調整只看單一面向的態度，要看其他的角度。我們為什麼會卡住？因為我們用完美的那個點去看待這件事情，才會過不去，也就是我們不夠開闊，這個是要學習的地方。

生活裡面沒有一件事情是可以完美的，所有的行動、講的話、做的事情不可能全部都是完美的，一定有瑕疵，任何一個人都一樣，包括那些大師、非常優秀的人，他們所做的事情也不會每件事百分百完美。當我們學習看更多點的時候，我們的生命才會有真正的自在跟圓滿。

記住這一點：當你在學習的路上，跨越問題的時候，不要去找那個人吵架，這樣子是在製造新的業。你必須要自己去跨越，是你自己的事情，跟他無關。不是去跟他算帳，不是這樣，而是要跨越自己覺得沒有辦法接受的那個點，就是那些讓我們過不去的。不是真的因為他劈腿，而是我覺得不被重視了，我覺得不被愛了，我覺得被遺棄了，被欺騙，被背叛，我覺得我不夠好，是這些讓我們過不去，不是他做的事情。

如果跨越了這一點，你即使不斷劈腿也跟我無關。其實你不屬於我，當我覺得你不是一定要屬於我的時候，你劈腿好像是你的事情，這樣我們才是真的自由。不管是單身還是有配偶，都可以擁有一顆自由自在的心。

把這些弄清楚，問題就不是在對方。因為我們一直誤以為別人可以給我們幸福，記住！**沒有任何人可以給你幸福，也沒有任何人可以傷害你**。要自己去穿越，這不簡單，我也是很多年才慢慢地學會。

【靜心練習】被痛苦穿透，奇蹟就會出現

我們先肩膀放鬆下來

把最困擾的事情，或是覺得困擾的人、物，觀想在面前

感覺著它，看著它，然後它會開始流動

你可能會哭，你可能會笑，你可能會罵人

不管出現什麼，你都讓它出來，無論是什麼

不要逃開，跟它在一起

＊＊＊

有一年忽然之間，這個靜心練習自己浮現出來。我就是順著這股感覺跟力量，讓這股力量帶領我。

這個時候就出現多年以來心裡常有的疑惑或不解，就是我的障礙。

我並非刻意去對這個障礙做些什麼，我只是很放鬆，首先身體先放鬆。

這個感覺出來的時候，我對著這個感覺，不做什麼，只是讓它呈現在我面前，我觀想這個感覺。

比如說，我覺得很痛苦，現在讓這個痛苦呈現在我面前。

當這個痛苦在我面前，通常我們遇到這個時候，都會想要去做什麼：不然我去打拳，不然我去幹嘛……我們會想要逃避。

逃避的方式有很多種，這個時候就完全沒有辦法接觸這個——簡單地說，一種「究竟」。

如果逃避，想要「解決」痛苦的時候，就完全碰觸不到「究竟」。

所以當這個問題或是困擾呈現在面前的時候，我必須要有一種——我把它叫作「認得出來」跟「定」。

「定」的意思是說，不試圖逃避。

有時候我們會覺得很難過、很不舒服、很困擾，很想要讓這個感覺消失。我們的念頭並非「我要讓這個感覺消失」，而是就轉身去做些什麼，我們會做出類似這樣的反應。

這個時候我們就跟「究竟」沒有任何關係，變成是在那裡打轉。要做這個靜心的練習，必須要有這種基本的態度，至少不去逃避。所以把痛苦呈現在面前的時候，我們可以看著這個痛苦，讓這個痛苦很自由地發揮。

當我們沒有給它任何力量，或是沒有給它任何方向的時候，它就會一直出現。出現的痛苦，有可能是我們想都沒想過的東西。

在這個過程裡面，也許經歷了三分鐘、五分鐘之後，再回頭去看這個痛苦，會發覺這個痛苦已經變了，已經不是一開始的痛苦。

通常在看這個痛苦的時候，我們就跑掉了，然後沒有辦法回來。

可是如果你還可以再回來，再看原來一開始你的這個痛苦，這個時候你會有所發現。你會有「你的發現」。

所以在這個看的過程，其實是跟這個痛苦做交流。

然後讓這個痛苦把你的靈魂穿透。你必須要被它穿透之後，那個奇蹟才會出現。

換句話說，你必須要讓這個痛苦穿透之後，你的心靈才有可能平靜。

心靈平靜的時候，你才有能力靜心，這是必須經歷的過程。

如果你不願意，就會想讓自己舒服，你就逃避了。這是最基本的認知。

第六章　釋放就是愛與了解

釋放不是檢討改進

釋放其實非常單純，但是它跟所有的方法、療癒、心理治療、任何法門都不一樣，最大的差異在於它不是檢討改進。

我們從小就被要求自我檢討，只要覺得哪裡不好，就要仔細反省，直到得出一個結果：我的努力不夠，我這部分還需要加強，我必須改進。一旦陷入檢討改進的模式，舉例來說，我覺得現在智慧不夠，為了成佛要加倍用功，下次檢討完決定唸經要改進成一天十部，下下次檢討改進為一天唸二十部。

結果會如何？這麼努力改進，這麼努力加強，然而越用力就越挫敗。

接下來呢？因為陷入檢討改進的模式，所以好好反省了這次挫敗，結論是之前做得還不夠，之後要更用功。於是進入新的一輪徒勞：這次不夠，再檢討改進；下次不夠，再檢討改進。結果是第二次的挫敗。幾次下來，失敗挫折的經驗慢慢引發出無力、憂慮、沮喪、自責等情緒，並且延伸出其他問題。

無論學習任何法門，一定會教你反省、努力、改進，你哪裡不夠努力，你哪裡需要再改進，你哪裡需要再加強。我們不覺得這個模式有什麼問題，因為只要遇到困難，就會有人來幫忙，在旁邊鼓勵你再多加油，不知不覺中形成了依賴。

為何我們跳脫不出這個模式？因為爸媽從小就是這樣教我們，學校也是這樣教我們，這個模式早已刻印在我們心裡：找原因，加強改進，期盼得到好結果。然而在這個過程中，「我不夠好」這一信念會越來越強烈，導致我們做越多的反省就有越多的自責。也有很多人只能在「反省、努力」的作為裡獲得方向、滿足、成就感，如果放棄了就會感到不安。

我們覺得沮喪、痛苦、自責，希望有人來拯救。被拯救的渴望，其實就是被愛的渴望。然而這是一切因的果，它是「反省、努力、改進」的過程所造成的。我們為何想要討愛，為何希望別人來拯救？因為我們深陷沮喪、自責、痛苦的狀態，所以特別渴求愛。如果無法看見這一點，就會永遠掉入這個因果循環。

釋放的不同在於，我們能看到這整個心理歷程。

在釋放的過程中，我們是處於一種清明、清淨、自由的狀態，而不是帶著一個明確的企圖。有企圖，就會形成固定的模式，就會陷在某處之中。釋放就是連那些企圖我們都能夠覺知。

釋放讓心安靜下來，整個人放鬆、放棄，進入一種「什麼都不是」的狀態。若是能夠看清、透澈這個「什麼都不是」，就自動進入快樂、愛的狀態。我們天生擁有這種能力，只是因為我們一直在行為、信念、心念的因果裡面受苦，所以看不清楚。

「同在」很重要。在釋放的過程裡，當我們看到沮喪、挫敗、自責，看到的是催生它們的整個模式，我們清楚覺知到它們從何而來，並且，當這些積累的能量一被覺察、被看到，就會自動消失，毫不費力。

承認帶動轉化

我們有時候會被自己的念頭遮蔽，比如說我們會告訴自己：「這樣沒關係，不需要生氣。」我們用其他的念頭說服自己該這樣做、不該那樣做，可是這些能量依然如實呈現，無論再怎麼假裝不在乎，事實上心裡是在意的。我們不可能用念頭去消滅念頭。

當我們承認情緒，能量才會開始移動，移動了之後就會發生變化。變化的程度完全依我們的心態而定，我們願意敞開揭露自己到什麼程度，它就能夠深入到什麼程度。如果我覺得自己有一個缺點不能接受，那麼我的釋放就到這裡為止。敞開得越多，能量變化得越多。

我們以為念頭可以克服一切，以為努力、意志力可以消滅痛苦，然而這都是停在「我」的認為裡面。當我們去看見形成的過程，痛苦才會真正地停止、究竟地停止。任何一種情緒、任何一種能量都會變化、轉化，我們釋放一個能量的時候，也許一開始表現出來的是你很生氣，這個表現出來並不是你在發洩，它代表的是一種根本的承認。承認之後，接下來要去注意，當這個生氣的能量在移動的時候，注意你有哪些念頭。

「我很生氣。」氣什麼？「不應該這樣對我，我好痛苦！」釋放憤怒，直到它安靜下來。安靜很重要，安靜就是不帶有企圖。此時你會發現，念頭從原本的「他竟然這樣對我」轉變成「求求你愛我，求求你對我好，求求你接納我」。

沒有經歷這樣的過程，這些能量不會轉化。所以，當我們否定情緒，否定負面能量的時候，我們將無法看見我們的真相，我們將見不到愛。不承認情緒，等於是扼殺了愛。

這是自自然然的學習，沒有任何強迫的規定。當我們沒有辦法看清楚這些模式，用一個念頭壓抑，就要用更多的念頭壓抑前面那個，我們的能量就耗損在壓抑中。看清楚這些負面障礙，這個能量會自然變化，這才是根本究竟的自在快樂。

釋放就是了解

我年輕的時候很喜歡超跑，可是一想到要賺很多錢才能買一輛車，我就覺得好累喔！又想到如果買了之後要花多少錢養它？我要再賺多少錢才養得起？念頭一直出現。

如果我不清楚這些過程、不清楚我生出的這些念頭，就會一下子縱容欲望，一下子壓抑欲望。一方面心想「我買不起」，一方面想著「好想要」，處於一種衝突矛盾的痛苦狀態。

欲望其實就是「我」的本質之一。有了欲望，「我」就加以干預，因此生出許多問題、形成各種衝突。當我們在釋放的時候，要注意它是怎麼形成的，是怎麼出現的，我是怎麼想的，或是我有什麼信念。我們一定要清楚，要看到，才能夠跟它和好，不受它影響。

我不消滅它，我只是跟它同在。我也不責備它，我也不逃避它，有了這樣的態度，自然會很清楚看到自己的障礙，而且是當下鬆開，當下移動。

如果你帶著企圖，就會想著「我該怎麼做」，然後會想「我要怎樣變好」。當你陷在企圖的運作裡面，就會一直重複。

釋放的目的與重點

釋放的目的跟重點，不是要解決問題，不是要消除煩惱，如果我們抱持這樣的心態，永遠會釋放不完。釋放不是要解決困擾，但是困擾會自動消失。釋放對我們的身體也很有用，能有效療癒疼痛、回傷。

很多人對釋放有誤解。釋放不是發洩情緒，不是把你想哭的哭出來，想笑的笑出來，這不是釋放的精神。釋放的重點是透過聲音把凍結的能量帶出來，讓能量告訴我們，它所呈現出來的是什麼樣的感覺或狀態。

比如說我們覺得很「悲傷」，這兩個字絕對無法代表我們的痛苦，如果不了解這個悲傷，我們就會繼續悲傷下去。釋放是把這個悲傷帶出來，讓你了解它，讓你看見它，不是把悲傷抹除掉。

進行釋放時，最重要的是我們講完一個釋放句之後的那個停止。在停止的時候，我們出現什麼念頭？反應是什麼？這一刻我們處於什麼樣的狀態？安靜下來，動用所有感官去注意，這個注意足夠融化我們的障礙。

釋放過程也是有層次的，一開始表層情緒像是生氣或是難過，這些表層情緒一定要先呈現出來。假設表層的憤怒都出不來，後面的傷害、渴望，乃至深層的意識就碰觸不到。

面對我們的痛苦，即使自己是多麼醜陋、不完美，那是你的覺得，它不一定是事實。釋放讓我們了解真正的自己，而不是我們認為的自己。

清理的三個層次

我們太習慣逃避，甚至連自己在逃避都不知道，所以始終跳脫不了煩惱痛苦，而「清理」可以幫助我們直接面對。

舉例來說，釋放的過程中會有能量的流動，也就是情緒的流動，我們的情緒會被帶動。這個情緒的流動，在我們清理的過程中屬於最表層，但是這個表層如果不流動，底層的障礙就無法出來。

有些人沒有辦法生氣，無論怎麼釋放他都是還好，就算把他痛揍一頓他也是還好。像這樣無法生氣的人，要注意自己有什麼其他的念頭，注意、注意、再注意。總之，以生氣這個情緒為例，在生氣的時候跺腳罵人，這是第一層情緒的流動。如果只是罵一罵就結束，這樣不叫作清理，叫作發洩情緒。以後還會不斷生氣，因為我們只停留在清理的第一步，對它的理解不夠徹底。如果對這個情緒徹底理解、徹底洞悉，這個生氣就變得不一樣，甚至讓我們的關係互動也不一樣，期望也會改變。

生氣之後，或許我們哭了。停留在這裡，注意這個哭裡面的內容。假設哭的時候覺得「我為你做這麼多，你竟然還這樣」，哭的內容是委屈；假設哭的時候有一個念頭「我等你等那麼久，你都不理我」，這是被忽略；假設哭的時候有個念頭是「我到底要怎麼做你才會愛我」，這是渴望被愛。

現在這個情緒第一個是生氣，第二個是哭後面的內容，「我做這麼多了，到底怎樣你才會對我好，才會愛我」，這是不被愛的感覺。為什麼渴望被愛？因為覺得自己不被愛，覺得被忽視。這裡有「傷害」。

每一個人的傷可能不一樣，但是「渴望被愛」是一樣的。在清理時遇到受傷，就用釋放讓這個傷流動。每一個念頭後面都是一個傷，一開始我們沒有辦法讓這個傷出來，但是我們能用釋放讓它流動。這個「渴望被愛」帶著傷，我們必須停在這裡，讓這個傷被正視、被關心。

停留在這個傷的時候，讓它就像雲一樣流動。這是清理的第二部分。這個傷一出來，每個障礙一出來，這些情緒通通都會出來，每個藉口、每個念頭都會湧現，形成許多雜念。這時候，靜心就很關鍵，當你跑到任何一個念頭的時候，可以馬上覺察。清理需要具備能量、清晰的頭腦與清楚的覺知。

第三部分是這個傷後面所造成的後果跟業力。以「渴望被愛」這個傷為例，因為我們想被愛，所以我們要求對方，在這個時候有沒有傷害到對方？如果我們傷害到對方了，他會愛我們還是恨我們？也許對方暫時給我們一顆糖果，可是他也有自己的習性，他有自己的理由跟藉口，不久又會回到這個傷。所以，我們能不能看到在關係裡面互相造成的傷害？

這第三層的業力，包含我們個人的以及整個家族的業。能夠走到這個地方，我們已經可以自在過活了。

再回頭談第二個部分。這裡面有傷口，還有信念，光是信念跟傷口就能把我們綁死。我們的憤怒在傷口的地方產生了信念，再被這個信念帶著走。停在這個傷的地方，不是要去挖開它，而是觀察其他的情緒。比如出現了委屈，「你們全家的飯都是我煮的，衣服也是我洗的」，這個委屈後面有一個信念「要當好媳婦」。如果這個信念沒有被看到，這個傷還是會在，在關係裡面的模式還是一樣。

至於信念，比如說覺得被忽略了：從小就看到爸爸媽媽在打架，他們打他們的，都不理我，我連飯都沒得吃，甚至要吃泡麵，就有被忽略的感覺。在這個時候，「我被忽略」是個傷痛，可是從這個傷痛，我延伸出什麼信念出來？

假設生出這四種感覺：我不好、我不值得、討好、要被看見，我有時候就會去

清理的三個層次

- 情緒的流動
- 情緒底下的內容／傷害／信念／信念衍生的作為
- 傷害的後果與業力

討好，有時候會很努力地做，要你看到我；有時候則是覺得我不好、我不值得，這些都會在我們的生活當中輪番反覆發生。

其中最主要的信念是：我不被愛、我不值得。經歷這些感覺之後，我就開始孤立自己。當我將自己孤立了，等於我跟所有的人都隔了一道看不到的牆，你對我再怎麼好，這道牆還是在；我再怎麼對你好，我也是從這個牆後面對待你。因為我把別人排除在我的心門外，別人的愛進不來，我也出不去，我就覺得孤單了。

所以我們從傷害產生信念，信念影響我們的生活，影響我們的關係。清理最重要的就是看到支撐這個痛苦的所有意識內容，這需要仰賴很敏銳的覺察跟覺知。只要學會一種清理，關係裡面的所有障礙，你都會清理。只要看清楚一個障礙背後所有的意識內容，它會自動結束。

學員分享

有一次在聽線上課，老師說到「沒有辦法生氣」這段時，我像是某條繃緊的弦瞬間斷開，忍不住瞬間大嚎了起來（只有聲音沒有眼淚出來）。就著這個情緒循序漸進地靜心釋放，浮出來一段小時候的回憶：我因為嫉妒的憤怒，在失去理智的狀態下跳起來賞了同學一巴掌；回神後我被自己因情緒而瞬間失去意識的狀態嚇到，也對於挨巴掌的同學哭個不停感到愧疚，更為老師之後對我的懲罰感到受挫。

事發過後我提醒自己絕對不能夠再生氣。但在今天靜心的過程，我在「釋放害怕生氣的人」後浮出一句話「我想要被愛」，才意識到自己原來將「生氣的人」與「不被愛的人」劃上了等號。看到這一點後我忍不住開始痛哭，一部分是為過去不懂得調節情緒的自己感到心疼，那個我把所有的錯都攬到自己的身上，覺得要是不生氣就不會發生這件事；

一部分是為了那個因為不知所措而選擇不要憤怒的自己感到傷心。

整個釋放的過程自己的情緒很激烈，身體的狀態也是，除了頭頂一直很麻很麻，胸口腹部都有緊繃跟鬆開的感覺，右手的舊傷也一直抽痛，情緒比較平靜後也狂打了好幾個噴嚏。不過釋放完確實身體放鬆了很多，眼睛本來不太舒服的脹麻感也褪下，視線變得明亮很多。

——W．W

尋找命運的根源

曾經聽一位學員分享，他小時候因為家裡沒有錢，自覺在別人面前抬不起頭，認為自己很卑微。就算課業、運動表現得再好，這種感覺始終存在。他有時候想多努力一點，有時候很想逃離人群。他經常羨慕別人，羨慕伴隨著嫉妒，再來則是憤怒、不甘心。

事實上，這個卑微的感覺是從頭腦製造而來的。我們一旦被這種能量拉住，即使做得再好再多，都會感到挫折、無力，陷入受苦模式中。這就是學習靜心的目的。靜心不是飯後打坐，而是在我們被某個念頭拉走的時候可以立刻覺知、跳脫出來。

一個念頭生出來的時候，我們能不能去注意到？注意到了之後，我們要跟它在一起，停頓下來，不要馬上反應；假使我們立刻有了反應，再停頓下來，跟這個反應在一起。

我們從小在家庭裡形成的信念，其實就是我們命運的根源。這個根源產生很多痛苦，我們可以找到它，釋放這個能量。釋放是一步一步、一層一層的覺察跟解脫，從信念開始，看見傷害，在這個地方停一下，再往下走。如果暫時無法往前，就回過頭來，再去注意，找出小時候的信念。

化開糾結：從「我願意」開始

我們在關係裡面，有時候會跟某個人特別糾結，也許是跟家人，或許是跟伴侶，因為這些過往記憶、這些傷害、這些業都深刻影響著我們的命運。

例如我們為了被對方認同，也許會任性要求，可能會犧牲委屈，或是無止盡付出，這些舉動都是為了向對方索討愛、接納與認同。一旦我們的付出沒有被看到，就會覺得既委屈又生氣。長期下來，形成很深的糾結。

當彼此的糾結太深層、太複雜時，早已無法釐清前因後果，呈現出來的就是不甘願、不平衡，雙方對彼此的要求特別高、容忍度特別低。例如我做了一點點，接下來就等著看你怎麼表示，要是你的反應不如預期，我就更恨你，更覺得你對不起我。

停止頭腦的慣性運作很重要。如果我們停留在頭腦的層次認定「別人應該怎麼樣、不應該怎麼樣」，就會生生世世永遠糾結。多年來我一直強調的就是「願意」，兩人之中，只要有一個人願意，另一個人的怨恨也會跟著鬆動。我們不能要求別人停止怨恨、要求別人先對我好，但是我們可以學習，不讓自己一直停留在這個地方。如果你不願意，再厲害的人都無法救你；如果你的心、你的意識不願意，還停留在怪罪別人、認為別人傷害了你，你將永遠在這個模式裡面重複受苦。

受苦的意義與同在

如果我們仔細留意，就會發現這些受苦都有相同特定而且重複不變的模式。舉例來說，某件事發生了，我們會產生反應，接下來會有情緒，包括生氣、憤怒或是衝突，它們的背後還有信念。

既然以相同的模式一再發生，那麼我們能不能去注意，這些重複的模式有什麼意義？我們能不能問問自己，這些重複的痛苦想要教我們什麼事？

我們都期待有美好快樂的人生，但是真實生活跟我們的想像不同。遇到阻力、問題時，我們會希望快速解決，如果無法做到，我們就會陷入折磨、困擾、憂慮中。所以為什麼有些人晚上會失眠，就是因為在這個地方打轉。不停地想，反覆地想，想到東邊也卡住，想到西邊也卡住，最後在這個地方繞不出來了。

這個時候我們能不能去注意，不論是往東或往西的想法，是否都是試圖解決問題的想法？那麼，這些想法是真的嗎？它們真的存在嗎？或是只存在我們的想像？還有，這些想像是不是侷限在我們過去發生的經驗？這樣的一個方式，帶給我們的又會是什麼樣的結果呢？我們到底要用什麼方式來解決、面對我們的問題呢？我們會不會永遠重複、重複、再重複呢？

這個時候，很重要的是自覺，覺知。當我們想要去解決困擾的時候，我們已經陷入問題的泥沼中、陷入相同的模式裡面，所以我們會一再重複相同的反應、情緒、信念、源頭，也因此當然會在這個地方遲遲走不出來。

當我們讓自己停止陷入相同模式思考之後，接下來，就是直接面對我們的痛苦。這個面對，其實是學習裡面最艱難的一個部分。因為當我們面對問題的時候，很容易想要逃開，然而逃避會讓我們再掉回原來的模式中。

所以當現在我們在面對痛苦的時候，有一個很重要的元素，就是心裡面願意。就像一對新人，他們在證婚結婚的時候，都會說一句：「我願意！」無論任何情況底下，你都不離不棄，就是這種「我願意」。有了這種「我願意」，我們才有辦法繼續看下去，面對一直無法跳脫、卡住的障礙，例如，那始終無法接受的點。

我們在關係裡面為什麼會有衝突？比如說，我們希望對方把我們擺在第一位，能夠全心全意愛我們。當這樣的期望落空的時候，我們心裡會產生很多情緒，是不是我們無法接受「不被愛」？那麼，我們能不能直接去面對「覺得不被愛」、「無法接受的點」？

或是我們在工作上要求、鞭策自己要成功，要出人頭地，這個想法的背後是什麼呢？是不是因為我們無法接受失敗挫折？那麼，我們能不能試著去跟這個無法接受的失敗在一起，跟它同在？

同在到底是什麼意思？就是當我們出現排斥、抗拒的感覺時，在這一刻去注意到那份排斥抗拒的心是什麼，然後，純然、純粹地跟這個令你無法接受的狀態在一起。在這個時候，我們的內心會產生一種前所未有的平靜，是一種非常深層的寧靜。這份寧靜能夠把我們的智慧帶出來，甚至帶出愛的狀態。

所以，我們在面對自己無法跨越、無法超越、無法接受的痛苦的時候，這份同在的力量可說是強大得難以衡量。

所有的事情的發生，都會過去。過去的煩惱，過去的快樂，過去的不順利、如意，是不是如此？我們現在的困擾也是一樣，終將會過去。重點是我們內在那份深層的信念，那份意識，那份思考的模式以及反應的模式，如果它們沒有改變，可想而知，我們的生命仍會不斷地重複遭遇這些問題跟困擾。

苦難的深層意義

有一次，某個學員分享自身經歷，他說自己經常被冤枉，不停背黑鍋，不知道究竟是怎麼回事。我認為，它不會是無緣無故的。有可能你是大慈大悲，有可能是你必須跨越被冤枉的障礙，也可能兩者皆是。沒有人能夠直接告訴你答案，要靠自己去看、去學習。

被迫背黑鍋或被冤枉的時候，如果你只是責怪別人，認為都是別人的問題，你就會永遠處於被冤枉、被誤解的模式，因為你欠缺要去清楚這些事情的能量，所以這個狀況會持續下去。一味怪別人，自己也跨越不了障礙。

假設你帶著被鄙視、被嫌棄或是被冤枉的能量，你大可說是別人的錯，這種直覺反應暫時會讓你感到舒服。然而，你可以學習，從這樣的狀況去釋放你的障礙、鬆動你的卡點，然後鬆動你的業。

第一種反應會讓你永遠陷在裡面，不斷被誣陷；第二種反應讓你可以從裡面跳脫出來，停止被鄙視的循環。

你現在受的苦，或許是你之前曾經讓別人受過的苦。所以你現在受苦，可能就是要讓你去體驗他的苦，好讓你停止用這樣的方式來傷害其他人。所以你在承受那個苦的時候，就是在了結那個苦！

如果你在抗拒：「不要，你不要傷害我，你在罵我，你怎麼這樣子冤枉我、排斥我，我恨你！我恨你！」又再累積。

所以你在承受、同在的時候苦難會結束，可是在排斥抗拒的時候，還會累積。

承受那個痛苦，承受過後，那就不是痛苦了。不要怕痛，不要怕苦，那就是在了業。比如說業有一百，你承受二十，剩下八十，你再承受二十，剩下六十；你都不承受，一百就是一百。同在也是這個道理，不要急著去做什麼，先承受下來，讓它從一百往下減，減到最後，「性」就出來了。「性」出來，你就跳脫了。

應該說，其實在我們內心深處，我們的「性」一直都在。「性」是一種原始、未受汙染的能量。有時我們必須藉由去體會或經歷相同的傷痛，回到我們的那個「性」，那個未受汙染的純潔之處。

所以現在，你之所以承受、遭遇這些苦難，第一個就是讓你去體會，第二個就是讓你去意識到，原來傷害別人這麼痛苦，原來被傷害這麼痛苦，他痛苦我也痛苦。經由這些傷害，如果你能體驗到這是一體兩面，停止這種傷害，你就有機會跳出這個循環了。

讓我們經歷這些苦難，我覺得最深層的意義就在這裡。這些意義不能靠口述言傳就讓你體會，你必須親自經驗。當你交出真心，你的受苦就會終結，你的苦難就會停止。

這樣的受苦是有意義的。你沒有體會過這個苦，你就不知道別人的苦，你也不知道你自己的苦。你沒有真的去承受的話，它是不會停的，所以最直接的就是去承受，然後那個苦就會結束。

有一次我去做推拿，感覺就像被大象踩，痛得要命，那真的是痛到骨髓裡，但是我沒有逃開，讓那個痛去痛，之後我就對於痛苦不再有恐懼。

在你最過不下去時，當你覺得自己快不行的時候，就是在這一刻，去看清自己的盲點是什麼。讓你最感到痛苦的，就是你的盲點，也就是你的靈魂功課。在受苦的時候，如果你絲毫沒有覺察、沒有去注意，那就白白受苦了。

安住在痛苦中

對問題有所了解，才能夠瓦解痛苦，在你開始理解的那一刻，痛苦才會把門打開。想要跟自己的痛苦接觸，必須把心敞開來，看到我們的模式、態度、觀念，在那一刻，痛苦就開始流動。

舉個例子，有一個同學生病很久，怎麼看醫生都看不好，也做過心理治療，最後來找我做家族能量。結果發現，他心裡有一個聲音：「我不想好。」

當他的意識裡面有這樣的念頭，自然會排除很多對他有幫助的事物。

為什麼不想好起來呢？也許是因為他想得到愛和關心。我們應該有類似的經驗，小時候感冒了，不用去上學，可以賴床，媽媽會煮粥，爸爸會提早下班，而且還有蘋果吃。

所以，不想好起來，一定有好處，只能等待他自己看到這一點，而且對自己誠實。一方面不想好，卻又一直看醫生，或許哪天他看到累了，直接對自己承認「其實我真的不想好」，而這一刻將會發生奇蹟：他會成長、進步、提升。

這些傷痛都是能量，我們因為害怕、抗拒、恐懼，一直不敢去看那片雲。實際上真的去看這片雲的時候，它很快就會改變、甚至消失。重點就是承認、誠實、安住，就這麼簡單。一開始不舒服的感覺，你跟它同在到最後，是如此的一種透澈跟寧靜，也許是你此生從未經歷過的感覺，原來它們連在一起。一開始很難，但是當整個能量流動完，你會覺得這個生命值得，非凡而有意義。

每一個人都會覺得說我的痛苦真的很大，我最痛苦，可是其實根本就只有一個：「我們始終在逃避，我們害怕安住在痛苦裡面。」如果真的能夠學習安住在這個痛苦狀態，去領悟這些能量，會帶給我們生活以及關係裡面的智慧，內在有非常大的空間跟愛。

安住即是跟自己連結

很多年前，我在山上，那個時候我在經歷一個過程叫作「失落」。一開始當我有這種感覺的時候，它無法形容，完全沒有文字出現，沒有名字。有時候其實不是用念頭呈現，就只是一種感覺，是我們最後把它定位命名叫作失落。

這種感覺很容易被忽略，它很微細，淡淡的，心裡空空的，無力，好像對什麼事情都不感興趣。一開始是這樣。

我從這個空空的感覺開始注意它。走路也注意，吃飯也注意，練功也注意，靜坐也注意。我並沒有要它怎麼樣，就只是注意它而已。就這樣追著這種感覺，足足三個月。

在這三個月，從每一個注意裡，突然冒出一些若有似無的，以前父母吵架的畫面，這種感覺我「知道」了，就又停在他們吵架的畫面，我停在這個地方。我只是停著而已，沒有要怎麼樣，然後畫面又出現，看到他們吵架我心裡又有感覺。這感覺不是只有一個，搞不好有二、三十個。每一個出現的時候，我就停在這種感覺。

只要願意停在這種感覺，這件我曾經真實經歷過，已經烙印在我心意識裡面的一種畫面跟事實，當停在這邊的時候，這個事實就會改變，這個能量它就會變化。

它變化、變化、變化、停，我只是停著而已，它就開始變化，然後慢慢那種感覺消失了。它會慢慢地變化，變化到它停止的時候，那些憤怒、被忽略的感覺就完全沒有了，轉而變成很細微的一種喜樂。

從停的過程裡面，我看到我需要他們，我看到他們兩個之間的癥結，我看到很多東西。光一個失落，引發很多生命裡的記憶、念頭。一開始我並不知道要看多久，我只是很輕鬆地注意，結果足足花了三個月。

在看的過程，有時候會有悶悶的感覺，有時候會哭泣。不知道為何會哭泣，可是哭的時候又有念頭跑出來，又知道更多，原來「失落」裡面這麼精彩。三個月下來，我對這個東西幾乎瞭若指掌，它再也不會影響我，而且已經轉換成另外一種能量。

到最後這種失落的感覺告一個段落的時候，我覺得生出一種「愛」，對於這所有發生的事情，已經完全理解了；沒有任何的文字片段說「我現在原諒你，我現在怎麼樣」，就是跟他們之間有一種連結，那是在很深層的地方連結，也跟自己——其實是跟自己的「傷」連結，這才是重點。

所有的學習，所有的了解都是這個注意教我的。從注意當中，才是真正的領悟。從「聽講」得來的領悟，就像頭髮，在很表層；「注意」產生的領悟，是非常深入跟直接的。

我們通常一有失落的感覺，就馬上要把這個失落弄掉，不然就趕快逃跑，看電影幹嘛，這感覺就不見了，以為沒事了，其實不然。

絕對不要說我要把它消滅掉，我要逃掉，要去別的地方……不要對它有任何要做什麼的態度，就能夠一個一個地看到它們。

這樣的看，它本身就是一種清理，而且帶著一種行動。在這個看的過程，你的意識內容開始轉變，你已經不會再那麼想了，而且是不用費力氣的。看的過程本身就是一種變化，一種行動，你就不再製造這些模式了。

所以如果沒有透過注意——這個注意就是我們心意識的能量——，轉化、修行就是一種幻象。沒有真實了解我們的苦，只是說「我很苦，我很失落，我不要」，沒有任何意義。

在愛的道途

當我們看清楚生命中遲遲跨不過去的障礙和問題，幸福、自由跟愛就會自然出現，這個世界會帶給我們嶄新的感受。

跨越這些障礙，對我們而言非常重要。事實上，在這個過程中，我們會發現這些束縛、痛苦都是一種能量，也是一種記憶。尚未跨越之前，我們一直走在滿布障礙的軌道上，當然，這並非是為了處罰、折磨我們，而是讓我們能夠看見，能夠提升。這樣的提升，不只影響我們自己，也會擴及我們的親人、朋友以及周遭的同事或夥伴。

所以，在生活中遇到困難的時候，請記得安靜下來，注意去看，覺知那個讓你痛苦的事件，帶給你什麼樣的感覺、念頭、情緒？當我們可以讓障礙流動、消失，它便不會再困擾我們。

所有的經歷，都是為了讓我們學習，讓我們去看到。不帶批判、抱持關懷，我們才能看得更清楚、學習得更透徹。因此，看到與學習本身就是一種愛的狀態。

每件事來到我們面前，
都是因為我們有能力面對。
每件事的發生，都有它的原因。
每件事來到我們面前，
都是為了讓我們看見。

【靜心練習】同在的奧祕

當我們的身體能夠放鬆下來，這個時候引導我們的是屬於另外一種次元的清淨、安定的能量。如果身體能夠放鬆下來，那麼心很快地就能夠安定下來。這時，我們才能夠領悟同在。

我相信跟我一起學習的朋友應該都會發現，我從來不講理論，因為我深深地觀察到，理論它作用的部分是在我們的頭腦，也就是認知的部分。我們可以被這個理論認知的部分說服，但也許只是幾個小時或者幾天之後，很快地我們就又回到原來的障礙、習性，甚至是業。所以我覺得最直接的就是同在，帶我們進入超越頭腦的境界。

這個同在非常深奧，但並不是我們所認為的那麼樣地艱難。首先只要能夠把身體先放鬆下來。

當頭腦開始運作，就是我們起心動念的時候。當我們的煩惱出現，障礙出來的時候，重點是在這個時刻，我們能不能去注意到？這是超越頭腦的一個轉折點，能夠往這個方向移動的時候，我們才能真正地了解，進入同在的狀態，而不是只在頭腦的層次。

＊＊＊

現在先找一個安靜的地方，然後以舒服的姿勢坐下來，盤不盤腿都可以。可以把眼睛微微地閉起來，自然地呼吸。

接下來動動我們的肩膀，注意我們的肩膀是不是繃得很緊，把我們的肩膀放鬆下來。

身體的放鬆非常重要，如果我們處在緊繃的狀態，那麼我們就不是靜坐，我們是在對抗。當我們的身體能夠放鬆下來，另外一種次元的能量才能夠進來。

注意看我們的身體，是不是緊繃的，讓它自然地放鬆下來。

有沒有注意到我們睡著的時候，身體就是處在最放鬆的狀態。當我們在最放鬆的狀態時，我們的障礙、我們的煩惱、我們的苦難去了哪裡呢？

當身體放鬆的時候，我們的起心動念能非常輕易地被覺察注意到，而我們的痛苦就是來自於我們的起心動念。

再次注意我們的身體，把我們的身體放鬆下來。

當我們身體的能量放鬆的時候，我們才有可能碰觸到同在。另外一個次元的能量才能進來，這個時候領悟才會出現。

把我們的身體放鬆下來，保持覺知，保持注意。

身體放鬆下來的時候，我們的能量便處於自然的狀態。我們最初那個證悟的狀態，一定是在最自然的狀態下。如果必須要透過努力，它就不是證悟，它就不是同在。

肩膀放鬆下來，身體也放鬆下來。

此刻若有任何的念頭，我們就跟它在一起，我們就跟它同在。

當我們能夠跟我們的念頭同在這一刻，肯定會有所發現，有所領悟。

我們的念頭被我們同在的時候，它變成了什麼？它在哪裡呢？

當我們跟出現的困惑障礙在一起的時候，它們去了哪裡？它們還在嗎？它們是不是開始在變化？

每一個變化出現的時候，我們一樣地注意它，這個注意就等於同在。同在的時候，痛苦、煩惱就開始變化。

為何它們會變化呢？為何它們會消失？

如果它們是真實的，為何會消失？

如果它們是具體存在的，為何會變化？

把我們的身體放鬆，這個時候我們會感覺到，出現的念頭不斷地在變化，不斷地在消失。

我們跟隨著這份出現，與出現的痛苦或是障礙同在。我們會發現，同在到最後，會碰觸到我們那未曾消失過的本性。那不會消失變化的本性，那個被我們遺忘已久的自然的本性。

我們所做的這一些都不是努力，而是把蓋住本性的這些障礙、煩惱、問題掀開；它們就像一個蓋子一樣，把我們的證悟蒙蔽。我們要做的就是把這蓋子掀開而已。

再一次地去注意我們的身體，把身體放鬆。

我們的身體、念頭、自我帶著很多的焦慮、問題、發生的事情、發生的困難，在放鬆的狀態時，這些能量會慢慢地消失褪去。

這個時候，再注意我們的問題、我們的困擾，會非常單純簡單地發現，是我們執著於它，執著於要變得如何，要按照我們的喜好期望。這些自我的念頭，這些期望、煩惱、恐懼，把我們的證悟同在的狀態蓋住了。

再一次地注意我們身體，把它放鬆下來，身體放鬆之後，同在的狀態自然會出現。

國家圖書館出版品預行編目

最黑暗處仍有光：透澈痛苦根源，還原與生俱有的愛 / 劉素珍作．-- 初版．-- 新北市：木馬文化事業股份有限公司出版：遠足文化事業股份有限公司發行，2022.12
240 面；14.8×21 公分
ISBN 978-626-314-322-7（平裝）
1. 情緒管理　2. 自我實現
176.52　111017161

最黑暗處仍有光

透澈痛苦根源，還原與生俱有的愛

作者	劉素珍
文字整理	李宗燁
社長	陳蕙慧
總編輯	戴偉傑
主編	李佩璇
責任編輯	涂東寧
行銷企畫	陳雅雯、林芳如
封面設計	莊謹銘
內頁排版	宸遠彩藝
讀書共和國集團社長	郭重興
發行人	曾大福
出版	木馬文化事業股份有限公司
發行	遠足文化事業股份有限公司
地址	231 新北市新店區民權路 108 之 3 號 8 樓
電話	02-2218-1417
傳真	02-2218-0727
Email	service@bookrep.com.tw
郵撥帳號	19588272 木馬文化事業股份有限公司
客服專線	0800-221-029
法律顧問	華洋國際專利商標事務所　蘇文生律師
印刷	呈靖彩藝有限公司
初版一刷	2022 年 12 月
定價	330 元
ISBN	9786263143227（紙本） 9786263143364（EPUB） 9786263143371（PDF）